Thomas Marcotty

Phurpa
Magisches Dolchritual aus Tibet

Mit Schatz-Texten zum „Dolchsegen"
Eine verborgene Seite
der Buddha-Lehre

Fabri Verlag
Ulm 1997

Das Titelbild zeigt ein modernes Thangka aus Nepal *(1996, Privatbesitz des Herausgebers)*: Die Gottheit rDo-rje gro-lod, eine Emanation des Padmasambhava als personifiziertes Phur-pa Ritual *(ausführlich bei John C. Huntington: The Phur-pa, Tibetan Ritual Daggers. Artibus Asiae, Suppl. XXXIII, Ascona 1975, S. 8 ff., und Abb. 3).*

© Für die englische Ausgabe „Dagger Blessing" Delhi 1987
(als Übersetzung des bislang unpublizierten deutschen Originals)

Die hier vorgelegte deutsche Erstausgabe wurde vom Verfasser überarbeitet und durch den Herausgeber Jürgen C. Aschoff im bibliographischen Anhang ergänzt und überarbeitet.

FABRI VERLAG
© Ulm/Donau 1997
ISBN 3-931997-00-6

Dreigesichtiger Kopf eines Phurpa-Dolches

Inhalt

Vorwort zur deutschen Auflage　　　　S. 6

Dogmatisches: Fragen und Antworten　　S. 8

Thomas Marcotty: Über den Phurpa-Kult　S. 13

Padmasambhava: Aufriß der Dolchlehre　S. 124

    Vom schwarzgiftigen Dolch　　　　S. 127

    Das Elixier des Herzens　　　　　　S. 141

    Die Zaubersprüche der Verfluchung　S. 150

Danksagung　　　　　　　　　　　　S. 161

Bibliographischer Anhang　　　　　　S. 162

Vorwort zur deutschen Auflage

Dieses Buch über den tibetischen Dolchkult ist vor nun zehn Jahren in englischer Sprache erschienen. Es wurde damals in Indien gedruckt und hauptsächlich in Asien verbreitet. Bleibt etwas nachzutragen? Gab es in den vergangenen zehn Jahren neue Erkenntnisse über den Phurpa-Kult? Ja. Damals glaubte man zum Beispiel noch, die Ritualdolche stammten aus Mesopotamien (Irak) und seien über Indien nach Tibet eingewandert. Diese These läßt sich jedoch nicht mehr uneingeschränkt halten: Neuere Recherchen in Völkerkunde-Museen lassen vielmehr erkennen, daß Phurpa-ähnliche Dolche auch in Afrika heimisch waren. So findet man zum Beispiel in den Beständen des Rautenstrauch-Joest-Museums, Köln, einen Dolch (Ngbaka, nordöstliches Zaire), der als Tabuzeichen und Kopfnagel zur Markierung geheiligten Bodens registriert ist.

Bei den Tibetologen ist das Buch freundlich aufgenommen worden. Zu danken habe ich vor allem Todd Gibson für seine sorgfältige Besprechung in „The Tibet Society Bulletin" (Vol. 19, S. 22, Bloomington, Indiana, 1988). Der „Dolchsegen" hat jedoch auch Debatten ausgelöst. Dazu ein Beispiel: Das Buch enthält nicht zuletzt eine Anleitung für Dolchführer (Seite XX f.). Sie ist dem Kanjur, einer der großen Quellenschriften des tibetischen Buddhismus, entnommen. Darin heißt es, der Dolchführer möge den Dämon (Rudra) nicht nur töten (um ihm damit zu einer besseren Wiedergeburt zu verhelfen). Nein, der Dolchmann ist aufgefordert, den feindlichen Dämon für immer aus dem Kreis von Tod und Wiedergeburt herauszuschleudern und ihn in ein dogmatisches Drittland (oder „Anderland") zu verbannen: In ein Reich des totalen Todes.

Gibt es ein solches Anderland? Kann diese Theorie vom totalen Tod dem Geist und dem Buchstaben der Buddha-Lehre entsprechen? Oder hat sich da ein Stückchen Magie im Kanjur eingenistet? Wer weiß. Das Donnerwetter aus Dharamsala, Sitz der tibetischen Flüchtlingsorganisation. ließ jedenfalls nicht lange auf sich waren. Das dort erscheinende „Tibet Journal" (Vol. XIV:2, S. 61, f., 1989) druckte einen wehrhaften Artikel, der sich hauptsächlich gegen die von mir vertretene Meinung wendet, der tibetische Buddhismus stamme aus unterschiedlichen Quellen: Aus der genuinen Buddha-Lehre und aus magischen Elementen.

Dagegen das „Tibet Journal": Diese Auffassung sei tibetischem Denken fern und allein deshalb nicht zu halten, weil der Magie-Begriff ein Produkt ausschließlich abendländischen Denkens sei, das nicht einmal ein Äquivalent in der tibetischen Sprache finde. Das Buch versuche überdies, einen Keil zwischen die einfache (magisch orientierte) tibetische Bevölkerung und deren (religiöse) Obrigkeit zu treiben. Schließlich stünde ich Waddel'schem Denken nah. Anmerkung: Lawrence Austine Waddell, Truppenarzt in Britisch-Indien und zugleich einer der Gründerväter der Tibetforschung, hatte hier und da auf Unstimmigkeiten im Vajrayana-Buddhismus verwiesen.

Was bleibt sonst zu erwähnen? Der Tibetische Buddhismus (und stets in seinem Schatten: der Phurpa-Kult) haben sich im vergangenen Jahrzehnt endgültig von einem regional-asiatischen Phänomen hin zu einem Bestandteil des Weltwissens entwickelt: Trotz der geringen Zahl seiner Anhänger gehört der Vajrayana-Buddhismus heute mit zu den Großen Religionen. Im deutschsprachigen Raum waren es vor allem die tibetischen Zentren wie zum Beispiel Rikon (Schweiz) und Wachendorf (Deutschland), die zum Erhalt und zur Fortentwicklung des Lamaismus beigetragen haben. Dazu gesellen sich jedoch auch Privatsammler (Sammlung Essen, Hamburg), Universitäten (Bonn) und Museen (Zürich). Sie alle haben auf ihre Weise geholfen, die Kunst- und Geistesschätze aus Tibet zu bewahren, zu ordnen und jedermann zugänglich zu machen.

Im Oktober 1996   Th. Marcotty

Fragen und Antworten

Dogmatisches:

Frage 1. Die tibetischen Originaltexte zum Dolchkult bringen unmißverständlich zum Ausdruck, feindliche Wesen, unter ihnen auch negative Geistkräfte (Dämonen), müßten vom Dolchpriester getötet (bsad) werden. Somit ist zu fragen, ob der Dolchkult mit der Lehre Gautama Buddhas in Einklang stehen kann, die unmißverständlich das Töten fühlender Wesen verbietet?

Frage 2. In den Originaltexten ist das Wort „töten" (bsad) hier und da durch das Wort „befreien" (sgrol) ersetzt. Damit wird zum Ausdruck gebracht, der Dolchpriester verhelfe einem fühlenden Wesen durch Ritualmord zu einer besseren Existenz. Gibt es einen Unterschied zwischen „töten" (bsad) und „befreien" (sgrol) und wie ist dieser Unterschied beschaffen?

Frage 3. Anhänger der Dolchlehre vertreten den Standpunkt, das Töten feindlicher Wesen (Dämonen) sei ein Akt des „besonderen Mitleids" (Special Compassion), das einen Verstoß gegen die Lehre Buddhas rechtfertige. Gibt es ein solches besonderes Mitleid, das den Ritualmord entschuldbar macht? Wie kann ein Mensch dieses besondere Mitleid erwerben?

Frage 4. Nach Meinung der Anhänger des Dolchkults tötet der Dolchpriester nur solche fühlenden Wesen, die vom Bösen besessen sind. Was ist dieses Böse? In früherer Zeit (im Zusammenhang mit dem von einem Buddhisten begangenen Ritualmord an dem tibetischen König Glan-dar-ma) wurde das Böse mit der der Ablehnung der buddhistischen Lehre (durch Glan-dar-ma) gleichgesetzt. Wollte man jedoch dieses Verständnis des Bösen auch heute aufrechterhalten, wäre ein friedliches Zusammenleben buddhistischer Tibeter mit Menschen unmöglich, die den Buddhismus ablehnen, so etwa mit Schweizern oder Amerikanern. So stellt sich die Frage, wie das Böse heute zu definieren ist?

Frage 5. Der Phurpa-Kult ist auch heute noch weit verbreitet. Die Dalai Lamas haben in der Vergangenheit die Theorie des erlaubten Ritualmords nie für ungültig erklärt. Zum Gefolge Seiner Heiligkeit, des 14. Dalai Lama, gehört auch heute ein Dolchpriester. Kann man deshalb annehmen Seine Heiligkeit stimme mit der Dolchlehre überein?

༄། ཆོས་འཁོར་དགོན། །

Tibet Institut
CH-8486 Rikon/ZH   Rikon, 4. März 1986

Lieber Herr Marcotty,

für Ihre Anfrage vom 26. Februar danke ich Ihnen. Ich habe Ihre Fragen der Mönchsgemeinschaft vorgelegt und der Abt hat sich auf Tibetisch beantwortet. Lodrö Rimpoche hat sie dann auf Deutsch zurückübersetzt:

Antwort 1: Alle Wesen der sechs Daseinsbereiche sind letztlich „Fühlende Wesen". Auch ihnen gehört unser Mitleid. Wenn ein Dämon rituell „getötet" wird, so geschieht das aus Mitleid. Und nun etwas ganz Entscheidendes: Nicht der Dämon selbst wird getötet, sondern es werden seine schlechten Eigenschaften vernichtet. Er ist nachher von diesen Eigenschaften befreit.

Antwort 2: Eben aus diesem Grund heißt es in den Texten sehr oft „sgrol", befreit, und nicht „bsad", getötet.

Antwort 3. Der Priester braucht eine ganz besondere Konzentration („Special Compassion"), um nicht das Wesen selbst zu verletzen, ihm Schaden zuzufügen, sondern um mit dem Ritualdolch nur die schlechten Eigenschaften zu vernichten. Würde ihm das nicht gelingen, so wäre dieser Ritualmord einem gewöhnlichen Mord gleichzusetzen und hätte schlimme karmische Folgen.

Antwort 4: „Evil", also das Böse, Schlechte, wird heute nicht anders definiert als eh und je: Es sind die „drei Gifte" Unwissenheit, Haß und Begierde. Der Abt fügte nach einigem Nachdenken folgende Anekdote bei: „Buddha tötete in einer seiner früheren Inkarnationen einen Schwarzmagier, der beabsichtigte, 500 Händler umzubringen. Damit errettete er nicht nur die Händler, sondern er bewahrte auch den Magier vor einem fürchterlichen Karma. In Wirklichkeit vernichtete er auch hier nur die schlechten Eigenschaften des Magiers, seinen Haß, seine Begierde, beides aus Unwissenheit entsprungen. Da Buddha dies mit „Special Compassion" tat, hatte er unendlich große Verdienste für sich erworben".

Antwort 5: Seine Heiligkeit anerkennt den Phurpa-Kult, wenn er ihn selber auch nicht ausführt.

Ich freue mich immer, von Ihnen zu hören, und verbleibe mit freundlichem Gruß

       Peter Grieder

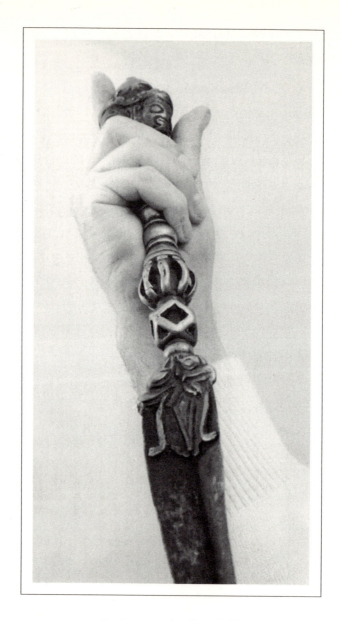

Großer tibetischer Ritualdolch

Über den Phurpa Kult

Die Quantitäten des Glücks

Wir alle fragen uns früher oder später einmal, weshalb die Zeiten des Glücks in unserem Leben so selten sind. Viele von uns verbringen ihre Zeit überwiegend in einem Zustand des seelischen Unbehagens, dessen Intensität wohl gelegentlich zunimmt oder auch abnimmt, aber doch selten, jedenfalls zu selten, einem Befinden weicht, das man ohne Vorbehalt glücklich nennen könnte: Zu viele Menschen sind zu oft unglücklich. Und fragt man nach den Ursachen, findet sich keine einleuchtende Antwort. Das Glück ist ihnen einfach davon geflogen, offenbar ohne benennbaren Grund. Sie leben im Unwohlsein mit sich selbst, und da hilft kein Erklären und Argumentieren.

Dieser Mangel an subjetivem Glücks-Erleben, das Unglück, ist eine weit verbreitete Krankheit. Nur etwa ein Drittel der in Mitteleuropa lebenden Menschen fühlt sich überwiegend glücklich. Ein weiteres Drittel ist mehr oder weniger vom Wurm des psychischen Unwohlseins befallen. Das verbleibende Drittel bezeichnet sich selbst rundheraus als unglücklich. So lehren uns systematische Untersuchungen[1], die alle zu gleichen oder doch

---

[1] Eine Zusammenfassung der empirischen Glücksforschung und ihrer Ergebnisse findet sich u.a. bei Noelle-Neumann, Elisabeth: „Politik und Glück" in Baier, Horst (Herausgeber): „Freiheit und Sachzwang – Beiträge zu Ehren Helmut Schelskys", Opladen 1977.

recht ähnlichen Ergebnisse, zu eben jener Drittel-Parität führen.

Bei diesen Untersuchungen handelt es sich nicht um bloße Zahlenspielereien: Die Gesellschaften – die Staaten und ihre Organe – tragen, moderner Auffassung folgend, vielleicht nicht die volle Verantwortung, wohl aber eine Mitverantwortung für das Glück ihrer Bürger. Somit stellen viele Regierungen ein wenig Geld bereit, um sich sporadisch nach dem Wohlbefinden ihrer Wähler zu erkundigen. Dank dieser überwiegend staatlich finanzierten Glücksforschung weiß man über dieses Thema recht gut Bescheid. Was lehren nun die Ergebnisse solcher Untersuchungen?

Das Glück ist demnach teils ein subjektives Gefühl, zum Teil aber auch die Folge objektiver Ursachen. Deutsche Beamte, das weiß man, sind zum Beispiel allgemein glücklicher als andere Menschen: Sie können sich zureichend selbst verwirklichen, genießen jedoch gleichzeitig eine Daseins-Fürsorge, die wiederum zu ihrem Glück beiträgt. Im internationalen Vergleich stehen die US-Amerikaner ganz oben auf der Rangreihe der Glücklichen: Die gesellschaftliche Norm hat das Glücklichsein in den Vereinigten Staaten zur Bürgerpflicht gemacht. Dies mit folgendem Ergebnis: Rund die Hälfte der befragten Nordamerikaner erklärt sich für glücklich und nur wenige mögen sich auf Befragen offen zu ihrem subjektiven Unglück bekennen.

Solche Tabus gelten nun weniger in Europa und schon gar nicht in Asien, wo selbst Kinofilme unhappy enden müssen, wenn sie ihr Geld einspielen sollen. Dort sinkt der Anteil der Menschen, die sich glücklich nennen, deutlich ab, gelegentlich auf Werte unter zehn Prozent. Nach allem muß man annehmen, daß die Zahl der Unglücklichen auf der Erde jedenfalls recht groß ist, und dies auch in jenen Ländern, in denen die Quellen des herkömmlichen Unglücks Krankheit, Hunger und Krieg weitgehend versiegt sind: Um fünfundzwanzig Millionen Deutsche? Anderthalb Millionen erwachsene Schweizer? Die Kinder fragt man vorsichtshalber gar nicht. Damit sind wir beim Thema dieses Buches: Können wir etwas tun, um unsere bemessene Lebenszeit glücklicher zu verbringen? Die Antwort sei hier vorweggenommen. Ja, man kann etwas tun. Andere haben auf ihre Weise nachgedacht und gehandelt. So findet man interessante Versuche und Vorbilder. Einer dieser Versuche war und ist der Dolchkult.

Eine Lehre vom Glücklichsein

Der Dolchkult ist eine Lehre vom Glück. Vielleicht haben Sie, der Sie diese Zeilen lesen, noch nie etwas von diesem Kult gehört. Das brauchen Sie sich nicht vorzuwerfen. Anderen, auch mir selbst, ist es nicht anders ergangen. Meine erste Begegnung mit dem glückspendenden Dolch fand damals eher zufällig statt: Im Laden von Ashok Mehra. Ashok Mehra, Kashmiri von Herkunft, zählt zu den großen Kunsthändlern in Delhi. In seinem Geschäft konnte der reisende Fremdling, jedenfalls damals noch, die Schätze Asiens bewundern: Rubine, sortiert nach Farben und Größen, präsentiert auf schwarzen Samttabletts, Bronzestatuen aus dem Swat-Valley und tibetisches Altarsilber. Dort habe ich, mehr aus Neugierde denn aus Kennerschaft, einen Ritualdolch, einen „Phurpa"[2], erstanden, wie er hier auf dem Bild zu sehen ist: Ein eisernes Messer mit dreischneidiger Klinge und einem mit Gesichtern und Zeichen geschmückten Bronzegriff.

Nach Europa zurückgekehrt, habe ich zunächst versucht, in den großen Bibliotheken Angaben darüber zu finden, wozu die Dolche gebraucht werden, wie man sie handhabt und welche Art Mensch mit Phurpas umgeht. Das Ergebnis war recht unbefriedigend: Die Dolche sind in der Literatur wohl hier und da erwähnt. Ja, man findet sogar das Buch eines Amerikaners[3] zur Ikonographie, zur Bildnis-Wissenschaft der Ritualdolche. Kein Himalaya-Forscher hat jedoch Genaueres berichtet. Keiner hat einer Phurpa-Zeremonie beigewohnt oder ein solches Ritual fotografiert[4]. Auch meine Nachfragen bei tibetischen

---

[2] Der Ritualdolch hat viele Namen. Tibetische Bezeichnungen sind: Phurpa, Phur-bu, Dorje Phur-pa, Zer-bu und Dorje Zhonnu. Sanskrit-Bezeichnungen sind: (Vajra) Kila, Kilaya, (Karma) Kila und Vajra Kumara.

[3] Huntington, John C.: „The Phur-pa, Tibetan Ritual Dagger", Ascona 1975.

[4] Fotos, die direkt auf den Phurpa-Kult verweisen, findet man bei Hoffmann, H.: „The Religions of Tibet", New York 1961, und bei Rock, J.F.: „The Amnye Ma-Chhen Range", Rom 1956. Das Foto bei Rock zeigt einen Bön-Priester, der, wie Rock schreibt, in sein Haus gekommen sei und sich für die Aufnahme auf dem Flachdach in Positur gestellt habe, dies zusammen mit seinen Utensilien, darunter auch ein Phurpa. Die beiden Fotos bei Hoffmann sind, so muß man annehmen, ebenfalls gestellt.

Lamas, die in Europa als Flüchtlinge leben, blieben zunächst fast ergebnislos. Nur die Umrisse eines alten und offenbar hoch entwickelten Kults waren zu erkennen.

In den folgenden Jahren bin ich dann wieder nach Indien, nach Sikkim und Nepal gefahren und habe dort mit oft eigenartigen Menschen Tee getrunken, in Tempeln herumgesucht, manchmal etwas abenteuerliche Jeep- und Taxifahrten unternommen und Notizhefte vollgeschrieben. Ich habe Bilder gesammelt, selbst fotografiert und – das war von Belang – einige alte Schriften zum Phurpa-Kult aufgespürt, dies übrigens nicht im fernen Asien. Nein, beinah vor der Haustür, in der Bibliothek des Musée Guimet in Paris und im Außenlager der Universitätsbibliothek in Tübingen. Diese Texte, sie sind tibetisch geschrieben, habe ich übersetzen lassen. Damit war ich schon weiter. Das Zwischenergebnis bestand nun aus einigen Pappkartons voll Fotos, Dias, Dolchen, Notizzetteln, Übersetzungen, Opferschalen. Seidenfetzen, Senfsamen und was sonst noch alles zum Phurpa-Kult gehört. Setzt man nun diese Teile und Teilchen zusammen, ergibt sich ein erst verschwommenes, dann aber ganz deutliches Bild. Dieses Bild zeigte zu meiner eigenen Überraschung eine Lehre, eine Handlungsanweisung zum Glück oder zum Glücklichsein.

Padmasambhava: Autoaufkleber als Werbemittel für den Vajra-Buddhismus in Europa.

Alte Einheit: Magie, Religion, Wissenschaft

Diese Lehre ist mehr als tausend Jahre alt, und doch, gemessen an diesem hohen Alter, Lesern des 20. Jahrhunderts, weitgehend verständlich. Ich selbst habe mich oft über die Unmittelbarkeit und Frische gewundert, mit der die Verfasser der diesem Buch beigegebenen Originaltexte über die so große historische Distanz zu uns sprechen. Man sollte sich jedoch auch vor Irrtümern hüten: Der Dolchkult und auch die Texte stammen aus einer Epoche, in der die Wissenschaft, die Religion und die Magie noch eine Einheit bildeten. Diese ehrwürdige Einheit, das ist das Problem, ist in Europa während der vergangenen Jahrhunderte verloren gegangen. Religion und Wissenschaft haben sich selbständig gemacht. Die Magie ist für illegitim erklärt worden. So mag sich mancher Leser in der Folge fragen, ob zum Beispiel ich, der Berichterstatter, mich heimlich der Magie ergeben hätte wie einst der Doktor Heinrich Faust.

Dazu nun eine erläuternde Geschichte. Ich habe einen verehrten Freund. Er ist studierter Indologe und hat sich sein Leben lang mit Buddhismus-Forschung, hier vor allem mit der Gestalt des historischen Buddha, befaßt. So bleibt es nicht aus, daß ihn seine Mitmenschen gelegentlich fragen, ob er selbst täglich meditiere, sich vor einem Buddha Bild niederwerfe und ein gläubiger Buddhist sei? Er antwortet gern mit der Gegenfrage: Ob denn ein Ornithologe, ein Vogelkundler, zwangsläufig auch befähigt sein müsse, Eier zu legen? Ähnlich verhält es sich mit dem Dolchkult und seinem magischen Aspekt. Bei aller Hochachtung vor der Sache sollte man nicht gleich auch Eier legen wollen.

Aus der Fremdheit des Themas ergeben sich auch Fragen der Darstellung: Wie läßt sich ein solcher Stoff über die Zeit hinweg heutigen Lesern nahebringen, ohne ihn inhaltlich zu verbiegen? Diese Frage ist auf den folgenden Seiten so beantwortet: Zunächst wird der Dolchkult von einem Abendländer für abendländische Leser beschrieben: Der Inhalt ist durch das Sieb westlicher Vorstellung gelaufen und somit leichter verständlich. Bei dieser Prozedur verliert nun die Sache, der Dolchkult, seinen eigentümlichen Geruch, sein Klima. Deshalb folgt auf diesen ersten Teil ein zweiter Teil, in dem die Anhänger des Dolchkults unmittelbar zu Wort kommen. In diesen tibetischen Originaltexten spricht nun der Lehrer zum Schüler, der alte zum jungen Dolchpriester, der Fremde zum Fremden. Ein abendländischer Leser wird der Lehre vom glückspendenden Dolch in dieser originären Fassung vielleicht nur schwer folgen können. Aber er begegnet bei der Lektüre der ganzen, der unfiltrierten Dolchwelt mit ihrer Eigenart und Schönheit.

Verbreitungsgebiet des Dolchkults

Nun einige Angaben zum Raum und zur Zeit des Dolchkults: Man stelle sich eine Asienkarte vor und darauf ein Dreieck, dessen Basislinie von Delhi bis nach Hongkong reicht. Die rechte

Verbreitungsgebiet des Dolchkults

etwa senkrechte Seite dieses Dreiecks streckt sich von Hongkong bis Tokio, und die dritte, die linke Seite wiederum von Tokio bis Delhi mit einer die Mongolei umfassenden Biegung. Innerhalb dieses Dreiecks – es enthält Teile von Indien, dann Nepal, Sikkim, Bhutan, China, die Mongolei, Korea und Japan[5] war oder ist der Dolchkult zu Hause, wenn auch mit den folgenden Einschränkungen: Im Fall Japan weiß man nur, daß der Dolchkult dort existiert. Einzelheiten sind bisher jedoch

---

[5] Ein Hinweis auf die Existenz des Phurpa-Kults in Japan findet sich in der Form einer Holzplastik (19. bis 20. Jahrhundert?). Sie stellt einen Mann dar, der einen Dämon in der Gestalt eines Kleinkindes mit einem dreischneidigen Dolch ersticht (Kyoto Gallery Tony Camert, Brüssel 1985).

nicht bekannt geworden. Aus der wieder souveränen Mongolei hört man nichts. China, Tibet hier inbegriffen, ist nach wie vor eine Volksrepublik. So weiß man nicht genau, in welchem Umfang der Dolchkult dort praktiziert wird. Allemal handelt es sich um ein riesiges Gebiet etwa von der Größe der Vereinigten Staaten von Amerika. So viel zur Geographie des Phurpa-Kults.

Wer sich mit dem Buddhismus befaßt hat, wird nun bemerken, daß sich das Verbreitungsgebiet des Dolchkults weitgehend mit dem des Mahayana-Buddhismus deckt, der auch das „Große Fahrzeug" genannt wird, und so liegt auch die Vermutung nahe, der Dolchkult sei, wenn nicht ein Teil, so doch ein Ableger des Mahayana-Buddhismus. Dafür spricht auch der folgende Umstand: Heut wird der Phurpa-Kult vielleicht nicht nur aber doch überwiegend von Anhängern des Buddhismus praktiziert, namentlich von den Angehörigen der Nyingmapa-Sekte, von den „Rotmützen". Das sind die nichtreformierten Mönche, die der Lehre der Alten treu geblieben sind, im Gegensatz zu den reformierten „Gelbmützen", die den Dolchkult eher ablehnen.

Aber dieser Schein könnte trügen. Nach dem derzeitigen Wissensstand kann man auch annehmen, daß der Phurpa-Kult und der Mahayana-Buddhismus eher zufällig in der selben Weltgegend koexistieren: der Phurpa-Kult, dafür lassen sich Beispiele finden⁶, kommt sehr wohl auch ohne den Buddhismus aus. Die Buddhisten wiederum sind auf den Dolchkult nicht angewiesen. Und die Historie, die profane wie auch die sakrale, läßt sogar vermuten, daß der Phurpa-Kult und die Lehre Buddhas aus recht verschiedenen Zeiten und Kulturen stammen.

Profan-Geschichte: Sumerische Herkunft?

Zunächst zur Profan-Historie: Damit meine ich die Geschichte im westlich-wissenschaftlichen Wortsinn. Demnach ist der Dolchkult mindestens tausend Jahre älter als der Buddhismus. Die ersten Spuren des Phurpa-Kults finden sich auch nicht im buddhistischen Einflußbereich. Vielmehr sind die frühesten Ritualdolche in Mesopotamien, im heutigen Irak, als Überreste aus sumerischer Zeit entdeckt worden. Die sumerischen Dolche, so viel weiß man, dienten der sogenannten Bodenweihe. Das heißt, sie wurden gleichsam als Grenzpfähle in die Erde gestoßen, um jedermann, vor allem aber umherschweifenden Dämonen anzuzeigen, das so markierte und abgegrenzte Gebiet sei von Menschen bewohnt, weshalb Geistern der Zutritt verboten sei: Mit den Ridualdolchen ist von Anfang her die Idee der Abwehr von Dämonen verknüpft.

---

⁶ Die Verbreitungsgebiete des (tibetischen) Vajranyana-Buddhismus und des Dolchkults decken sich weitgehend aber nicht vollständig. Einerseits ist der Dolchkult auch unter nicht-buddhistischen Tibetern verbreitet, etwa unter den Anhängern der Bön-Religion. Andererseits gibt es tibetische Buddhisten, zum Beispiel die Anhänger der Gelugpa- oder Gelbmützen-Sekte, die den Phurpa-Kult überwiegend ablehnen.

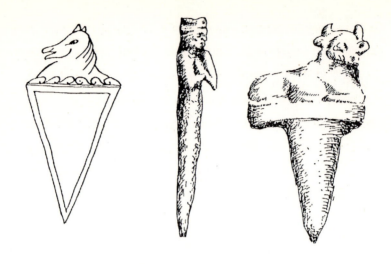

Sumerische Ritualdolche[7] (nach S. Hummel)

Zu diesem Bedürfnis, Geistern den Zutritt zu verwehren mag sich später oder früher ein praktischer Zweck gestellt haben. Wer je ein Zelt auf einem Campingplatz aufgeschlagen hat, weiß nun, was gemeint ist: Ritualdolche gleichen den Pflöcken, mit deren Hilfe Nomaden schon immer ihre Zelte am Boden verankert haben. Solche Pflöcke sollten am besten aus Eisen geschmiedet sein, damit die Zeltbewohner sie auch in steinigen

---

[7] Die Herkunft des Dolchkults aus Mesopotamien ist von Siegbert Hummel, Röthenbach i.V., in mehreren Veröffentlichungen (s. Literaturverzeichnis) dokumentiert worden. Nach Hummels Befunden sind die Ritualdolche als Wächter, als Grenzpfähle und magische Verkehrszeichen anzusprechen, die Dämonen den Weg versperren sollen. Diese Auffassung wird auch durch die Praxis tibetischer Wettermacher bestätigt: Sie umstecken von Unwettern bedrohte Landstriche mit hölzernen Phurpas. Siehe hierzu Klaus, Christa: „Schutz vor Naturgewalten", Asiatische Forschung, Bd. 97, S. 310 ff., Wiesbaden 1985. Zum Schutz größerer landwirtschaftlicher Gebiete braucht man viele Dolche. Daraus erklärt sich wohl die große Zahl oft roh geschnitzter Holzdolche, wie sie heute noch im Kunsthandel anzutreffen sind.

Grund schlagen können. Im weiteren sollten die Pflöcke dreikantig oder dreischneidig geformt sein, damit Wind und Wetter sie nicht so leicht aus dem Boden reißen können. Und so sind schon die Hauptmerkmale beieinander, die den Phurpa bis auf den heutigen Tag kennzeichnen: Phurpas dienen der Abwehr von Dämonen. Sie sind aus Eisen geschmiedet. Ihre Klingen weisen drei Schneiden auf[8]. Das alles sind Eigenschaften, die mit dem Buddhismus in keiner Beziehung stehen.

Sakral-Geschichte: Indische Herkunft?

So viel zur Profangeschichte. Dazu gesellt sich die überwiegend von buddhistischen Mönchen geschriebene Sakral-Geschichte, die, wenn auch über andere Wege, zu einem ähnlichen Ergebnis führt. Sie beginnt mit einer den heutigen Betrachter rührenden Legende aus dem 8. Jahrhundert nach Christus: Die Tibeter, damals als nomadisierende Viehhirten bekannt und als Räuber gefürchtet, sollen, so will es die Fabel, zu der Einsicht gefunden haben, daß sie, die Bewohner des Dachs der Welt, doch arge Barbaren seien. Um nun zu feinerer Lebensart zu gelangen und es ihren Nachbarn, den so kultivierten Indern und Chinesen gleichzutun, rief ihr damaliger König Thi-srong-de-

---

[8] Bei Jaeschke H.A.: „A Tibetan-English Dictionary" sind für „phur-pa" insgesamt folgende Wortbedeutungen aufgeführt: peg, pin, nail, peg on a wall to hang up things, iron nail, wooden peg to fasten the hands of a culprit to four pegs driven into the ground, when he is to undergo the punishment of the rkyan-sin, iron instrument in the form of a short dagger used for expelling evil spirits and fancied to possess great power... to stick such a dagger into the ground whereby the subterranean demons are kept off... to look at one with a piercing glance of the eyes... to implore a god very earnestly, the planet Jupiter, its day: Thursday.

tsen im Jahr 746 indische Weise ins Land, die dem Volk der Tibeter die Lehre des Gautama Buddha darlegen sollten.

Einer dieser Weisen, Padmasambhava mit Namen, gilt heute als Begründer des tibetischen Buddhismus. Padmasambhava soll nun, wie man in seiner Lebensgeschichte[9] nachlesen kann, auf dem Weg nach Tibet den Dolchkult „entdeckt" haben, will sagen, er fand die Dolchlehre in einer Höhle auf. Die Lehre vom segenbringenden Dolch, damit sind Ritualtexte gemeint, wie sie in diesem Buch abgedruckt sind, lag dort in einem dreieckigen steinernen Kasten, bewacht von einem großen Skorpion. Ich sollte hier erwähnen, daß es im Himalaya-Gebiet gewiß tausende von Höhlen gibt, unter ihnen aber eine, die Schauplatz dieses Geschehens gewesen sein könnte. Ich habe sie einmal besucht. Es handelt sich um eine niedrige Spalte im Gestein eines Berges nah dem nepalischen Dörfchen Pharping. Man kann nur gebückt darin gehen. Bewohnt ist die Höhle derzeit von einem sehr freundlichen Mönch, der dort eine gemäßigte Form des Phurpa-Kults pflegt. Die Höhle ist mit Teppichen und elektrischem Licht ausgestattet. Wir haben dort gebutterten Tee getrunken, mit Hilfe eines Übersetzers Dolchprobleme diskutiert

---

[9] Aus den vorliegenden Quellen geht nicht deutlich hervor, ob Padmasambhava den Dolchkult von Indien aus mit nach Tibet gebracht, oder ihn dort vorgefunden hat. In seiner Biographie (Evans-Wentz, W.Y.: „Der geheime Pfad der großen Befreiung", Weilheim 1972) heißt es ausdrücklich, Padma habe den Dolchkult auf seinem Weg nach Tibet (in Nepal?) fertig vorgefunden. Als Erfinder des Dolchkults ist Padma jedenfalls nicht anzusprechen: In einem ihm selbst zugeschriebenen Schatztext (Text 2 im Anhang dieses Buches) liest man, er habe die Dolchlehre u.a. dem bhi-to-ta-ma oder Vidyottama Tantra entnommen.

und zum Abschied gar Ritualdolche ausgetauscht: Ich habe ihm meinen Dolch gegeben und dafür zu meiner Freude seinen Dolch bekommen.

Aber zurück zu Padmasambhava: Der heilige Mann aus Indien, auch „Guru Rinpoche" genannt, hat den Dolchkult demnach nicht aus seiner indischen Heimat mitgebracht, sondern ihn im Himalaya-Gebiet vorgefunden. Darauf verweist auch eine andere Textstelle[10]. Hier heißt es, Padmasambhava habe den Dolchkult „vervollkommnet", woraus man abermals auf die Existenz des Dolchkults vor dem Erscheinen des Gurus schließen kann. Welchen Beitrag Padmasambhava zur Vervollkommnung des Phurpa-Kults geleistet hat, weiß man nicht. Die heute praktizierenden Dolchführer halten sich jedoch vielfach an Texte, die, wie sie ausdrücklich erklären, mindestens teilweise auf Padmasambhava zurückgehen. So kann man annehmen, daß der Phurpa-Kult schon in 8. Jahrhundert in seiner bis heute erhaltenen Grundform entwickelt war.

Versteckte Schatztexte

Wie solche kultischen Texte aussehen, ist auf der folgenden Seite zu erkennen. Es zeigt den Ausschnitt einer kursiv geschriebenen Manuskriptseite, die aus einem Handbuch für Dolchmagier herausfotografiert ist. Es handelt sich um eine Handschrift oder das weiß man so ganau nicht eine Abschrift

---

[10] Siehe Zitat Evans-Wentz in der Anmerkung 11.

einer Handschrift etwa aus dem Jahr 1450 nach Christus. Das 472 Seiten dicke Buch, ursprünglich auf streifenförmige Blätter geschrieben, trägt den Titel „Sehr geheime Riten zur Anrufung des (Dolchgottes) Phurpa für zerstörerische Zwecke". Niedergeschrieben ist der Text von einem tibetischen Landwirt mit Namen Ratna-glin-pa. Wie auch in den Kolophonen, den Nachworten, zu den einzelnen Abschnitten erwähnt, ist Ratna-glin-pa jedoch nicht der eigentliche Verfasser.

Tibetische Handschrift

Die Urheberschaft wird – wie man nachlesen kann – meist Padmasambhava (8. Jh.) zugeschrieben, der die „Schatztexte", so der Fachausdruck, verfaßt und in Höhlen versteckt haben soll, bis die Menschen seiner geheimen Lehre würdig geworden seien. Wer weiß, wie wörtlich man diese Herkunfts-Geschichte nehmen kann? Sie liefert immerhin einen weiteren Hinweis darauf, daß der ursprünglich sumerische Zeltpflock schon damals, zur Zeit Karls des Großen, zum Mittelpunkt eines eigenständigen Kults gediehen war, der im Schutz und Schatten einer toleranten Wirts-Religion, des Buddhismus, bis in unsere Tage hinein überlebt hat[11].

Im Laufe meiner Dolchstudien habe ich mich gelegentlich gefragt, weshalb es über den Phurpa-Kult, trotz dessen offenbar erheblicher Ausdehnung, bisher keine zusammenfassende Darstellung in der abendländischen Literatur gibt. Inzwischen habe ich selber meine Erfahrungen gesammelt und meine nun zu wissen, warum der Dolchkult den Tibetforschern entgangen ist. Dafür gibt es drei Hauptgründe: An auch zeitlich erster Stelle steht hier der eigentümliche Zeitgeist vergangener Epochen. Die frühen Tibet-Reisenden des 18. und 19. Jahrhunderts hatten andere Sorgen. Es waren zunächst Missionare, die im Land der Buddhas und der Dolche, will man ihren eigenen Berichten glauben, so gut wie keine Seele zu retten vermochten, und ihren Blick fest auf das Offensichtliche, den Buddhismus, gerich-

---

[11] Es muß vorerst unentschieden bleiben, ob der Phurpa-Kult von Norden her in das Hmalaya-Gebiet eingewandert ist oder von Süden her über Indien und Nepal. Für beide Möglichkeiten finden sich legendäre Quellen: Bei Nyanaponika („Suttanipata", Konstanz 1955, S. 84) ist von (indischen) Brahmanen die Rede, die den buddhistischen König Okkaka von der Lehre des Erhabenen abbringen und dazu bewegen wollen, wieder (vedische) Pferde- und Menschenopfer darzubringen, aber auch „das Opfer, das man Pfeilwurf nennt". In der englischen Übersetzung (Hare, E.M.: „Woven Cadences of Early Buddhism", S. 50) ist diese Textstelle mit „peg-throwing" übersetzt. Wenn man das Pfeilwurfopfer nun als Form oder Vorform des Dolchkults deutet, könnte der Phurpa von Indien her nach Tibet gelangt sein. Dagegen liest man in der Lebensbeschreibung Padmasambhavas (Evans-Wentz a.a.O., S. 215), der Dolchkult sei im Norden beheimatet: „Schließlich wandte er (Padmasambhava) sich nach Norden, in dem der Kult des Phurbu oder des magischen Dolches herrschte, dessen Verehrung Padma vervollkommnete". Nach mündlicher Auskunft (Lama Kunsang Dorjee, Rikon/Schweiz) gibt es insoweit verschiedene Belehrungslinien, darunter eine, die den Phurpa-Kult auf einen „indischen König" zurückführt, und eine andere, dernach der Phurpa-Kult von einer tibetischen Dakini (Luftwandlerin) geoffenbart worden sei.

tet hielten, nicht aber auf den im Verborgenen blühenden Dolchkult.

Nicht viel anders erging es den darauf folgenden „Explorern" im 19. Jahrhundert. Das waren russische, vor allem aber britische Berufsagenten, oft vom Geheimdienst Ihrer Majestät in der nordindischen Militärakademie Dera Dhun ausgebildet, die in allerlei Verkleidungen auszuspähen hatten, welche Mächte Einfluß auf Tibet nehmen und damit die einstige Kolonie Britisch-Indien von Norden her bedrohen könnten. Diese Explorer interessierten sich naturgemäß nur für Tibet, für die dort vermuteten Bodenschätze und den Wert des Landes als militärisches Aufmarschgebiet, nicht aber für die Tibeter und deren „Götzendienst", wie es gelegentlich in ihren Berichten an das Oberkommando in Calcutta heißt.

Als zweites Hindernis beim Erforschen des Dolchkults folgt ein, wie mir scheint, kulturbedingtes Ungleichgewicht des Interesses daran, was Angehörige anderer Kulturen tun und denken. Wir finden es ganz normal und richtig, in andere Länder zu fahren, dort die Objekte unseres Wissensdurstes kennenzulernen, sie zu fotografieren und zu dokumentieren. Unsere asiatischen Freunde spüren jedoch ein derartiges Interesse nicht, wenigstens nicht in diesem Umfang. Im Bereich des Dolchkults – von anderen Problemzonen will ich gar nicht sprechen – folgt daraus ein Mißverständnis, mit dem gewiß auch meine Vorgänger auf der Suche nach der Dolchwahrheit konfrontiert waren: Ein eingeweihter Dolchführer, sagen wir in Nepal, kann sich ganz einfach nicht vorstellen, daß sein Besucher aus dem Fernen Westen einerseits etwas über den Phurpa-Kult erfahren möchte, ihn andererseits aber nicht auszuüben beabsichtigt. Mit anderen Worten: her taucht wieder das Problem des Ornithologen auf, der keine Eier legen will, diesmal jedoch aus einer ganz anderen Perspektive.

Fragen der Loyalität

Dergleichen Mißverständnisse lassen sich jedoch meist überbrücken, wenn man sie anläßlich der üblichen Tasse Tee ganz offen und freundlich darlegt. Ein Kompromiß rückt dann näher. Er läuft in der Regel darauf hinaus, daß ich wohl erfahre, was ich wissen möchte, mich aber umgekehrt verpflichte, gewisse Details des Kults, wie zum Beispiel gefährdende Zaubersprüche (Mantras), geheimzuhalten, ich meine: nicht zu veröffentlichen, um einen möglichen Mißbrauch der Phurpa-Lehre zu verhindern[12]. Deshalb habe ich auch in den diesem Buch beigegebenen Originaltexten zum Phurpa-Kult hier und da einige Worte weglassen müssen: Treue um Treue. Dergleichen Kompromisse, das sei nicht verschwiegen, kommen jedoch nicht immer zustande: Der Dolchkult ist zu sehr von Furcht und Mißtrauen

---

[12] Diese Furcht vor Mißbrauch hat zur Folge, daß gefährliche Mantras (Zaubersprüche) in den diesem Buch beigegebenen Originaltexten zum Dolchkult nicht mit abgedruckt sind. Hier handelt es sich überwiegend um Mantras der Verfluchung, deren Kenntnis ohnehin wenig zum Verständnis des Phurpa-Kults beitragen würde.

durchtränkt. So kann die Teestunde hier und da auch einmal im Zeichen kühler gegenseitiger Enttäuschung enden.

Sprachgrenzen als Hindernis

Die dritte einem jeden Asien-Reisenden bekannte Hürde ist das Sprachenproblem. Im Fall des Dolchkults stellt es sich so dar: Die Dolch-Gläubigen sprechen von Hause aus Sprachen wie Nepali und Leptscha, vor allem aber Tibetisch. Das sind nun Sprachen, die bis in die jüngere Vergangenheit hinein kaum ein Abendländer fließend beherrschte. Dazu ein Beispiel: Als die Engländer im Jahr 1903 mit rund 3000 Soldaten in Tibet einrückten, war nur ein einziger Offizier mit von der Partie, der gut Tibetisch sprechen konnte[13]. Umgekehrt tun sich Tibeter sehr schwer beim Erlernen europäischer Sprachen. So war die Sprachgrenze lange Zeit fast undurchlässig, und ich persönlich habe den Verdacht, diese Undurchlässigkeit könnte dazu beigetragen haben, jenes stark idealisierte Tibet-Bild zu erzeugen, wie es seit dem Beginn dieses Jahrhunderts im Westen entstanden ist. Der heftige Dolchkult, das ist klar, ist auf diesem Idealbild vom Schneeland mit seinen in Seide gehüllten Heiligen nicht zu erblicken.

Die Situation änderte sich erst mit dem Einmarsch der Chinesen in Tibet während der fünfziger Jahre. Niemand hat sie ge-

---

[13] Dieser Offizier war ein Ire mit Namen W.F.T. O'Connor, der nach dem Tibetfeldzug der Briten eine britische Handelsmission in Gyantse geleitet und in dieser Zeit auch tibetische Märchen gesammelt hat.

zählt. Damals sollen jedoch um die 100.000 Tibeter geflohen sein. Die Flüchtlinge – allein in der Schweiz leben deren knapp 2000 – haben schlechter oder rechter die Sprachen ihrer Gast länder erlernt: Ich erinnere mich gern an einen Geshe, das ist ein Doktor der buddhistischen Theologie, der einmal für mich das Gespräch mit einem Dolchmann ohne Stocken aus dem Kham-Tibetisch, einem Dialekt, ins Schwyzertütsch verdolmetscht hat. Die größeren Universitäten haben damals auch die Gelegenheit genutzt und sich aus den Flüchtlingslagern in Indien hoch gebildete Geistliche geholt, die seither als Lektoren den hiesigen Studenten die tibetische Sprache und Schrift beigebracht haben.

Eine neue Tibetologie

Die Sprachgrenze wurde nun durchlässiger. Damit gewann auch das bisher in eher zarten Pastelltönen gemalte Tibet-Bild frische Farbe. Im Jahr 1956 erschien das erste Buch dieser revidierten Tibetologie. Der Verfasser, René de Nebesky-Wojkowitz[14], nun unterstützt von kundigen tibetischen Dolmetschern, stellte den Buddhismus nicht mehr als Feine-Leute-Ethik dar, sondern als laute und manchmal burleske, dämonisch-chaotische Volksreligion, in der selbst der Erhabene, der Gautama Buddha, nur noch eine Nebenrolle als Guru Shakya-

---

[14] Nebesky-Wojkowitz weist in seinem Hauptwerk („Oracles and Demons of Tibet", den Haag 1956) auf den glücklichen Umstand hin, daß er im Jahr 1952 nahe der indisch-tibetischen Grenze (Kalimpong) kundige Übersetzer gefunden habe – Würdenträger aus Lhasa, die den 14. Dalai Lama anläßlich seiner ersten Flucht vor den Chinesen begleitet haben.

muni spielt. Der Buddhismus, wie man ihn bisher zu kennen glaubte, figuriert seitdem als bloße Haut auf einer heißen Milch, die, wie wir nun wissen, überwiegend aus Legenden, sexualisiertem Dämonenglauben, kunstträchtiger Magie und, nicht zuletzt, dem Phurpa-Kult besteht. Damit möchte ich nun nicht sagen, das alte überhöhte Buddhismus-Bild sei verzerrt. Es war nur etwas unvollständig und bedarf einiger Ergänzungen.

Geduld und Beharrlichkeit vorausgesetzt, kann man heute verhältnismäßig mühelos alles erfahren, kopieren, fotografieren, filmen und lernen, wenn der Reisende die richtigen Empfehlungen mitbringt und auch die rechten Plätze des Geschehens ausfindig zu machen versteht. Zu diesen guten Plätzen für den Phurpa-Forscher zählt ein nepalisches Städtchen namens Bodnath. Nah dem großen großen Stupa findet man dort ein Restaurant, eher eine Informations-Börse, an der die Dolchkundigen früher oder später alle einmal vorbeilaufen. Auch Gangtok in Sikkim und Darjeeling, der alte Kurort für britische Kolonialoffiziere, sind Orte, an denen man fündig werden kann. Soweit braucht der Dolchforscher aber gar nicht zu reisen. Schon in Rikon, der tibetischen Flüchtlings-Siedlung bei Winterthur in der Schweiz, kann man mit etwas Geduld und Glück in die Grundlagen des Dolchkults eingeweiht werden.

Renaissance des Phurpa-Kults?

Der Phurpa-Kult, dieses eigentümliche Stück Altweltweisheit, siecht keineswegs dahin und folgt nicht dem Beispiel anderer Kulturen, die heute so oft im Museum verkümmern. Das Gegenteil erscheint richtig: Zum einen entspricht der Dolchkult so recht von Herzen dem Bedürfnis der Menschen nach einem verstehbaren und sinnenhaften Ritual, das aufzugeben trotz des Drohfingers des buddhistischen Klerus kein Grund besteht. Zum anderen erlebt der Phurpa-Kult zur Zeit sogar eine kleine Renaissance, deren Motive sich nicht leicht bestimmen lassen. Manchmal gewinnt man den Eindruck, die konstante Abwesenheit der buddhistischen Würdenträger – sie müssen heute oft in Europa und den USA Spenden sammeln – lasse die weniger studierten Menschen vermehrt Ritualdolch greifen.

Dazu gesellt sich eine weitere Attraktion: Wie schon angedeutet, ist der Phurpa-Kult keine Heils- und Erleuchtungslehre vergleichbar dem Christentum oder dem Buddhismus, die von ihren Anhängern Zucht und Verzicht fordern. Der Dolchkult fußt vielmehr auf der Idee der Machbarkeit des Glücks. Er will die Menschen nicht von ihren Sünden befreien und ihnen nicht zu einer besseren Wiedergeburt verhelfen. Der Phurpa-Kult hält sie von diesen hohen Zielen zwar nicht ab. Er dient jedoch dem Hauptzweck, unglückliche Menschen glücklich zu machen. Und dies nicht irgendwann in einem nachtotlichen Leben, nein, hier und jetzt.

Eiserner Dolch mit Seidenfahne und Kapala (Schädelschale)

Dämonologie für Aufgeklärte

Damit sind wir bei einer Eigenheit des Phurpa-Kults: Basis der Dolchlehre sind nicht die Religion oder die Wissenschaft, also jene Selbst- und Welterklärungsmodelle, die heute anerkannte Bestandteile des öffentlichen Lebens sind. Grundlage des Dolchkults ist vielmehr die Magie: Die Lehre von den Dämonen. Deren Prinzipien sind in neuerer Zeit vielfach in Vergessenheit geraten. Deshalb folgt hier ein Abriß magischer Grundregeln, so weit sie zum Verständnis des Dolchkults nötig sind.

Das Wort Magie geht auf die Magi oder Magoi zurück. Das war eine Volksgruppe, die zur Zeitenwende auf dem Gebiet zwischen Bagdad und dem heutigen Kuwait lebte. Die Magoi waren offenbar Landwirte, die, so liest man, in „Gehöften" wohnten, zugleich aber auch als Berufsritualisten tätig wurden und Feuerzeremonien mit Naphtha (Erdöl) vollzogen haben. Im Neuen Testament tauchen die Magoi als die Heiligen Drei Könige auf. In der Spätantike findet man die Magoi als Soldaten(als Feldkapläne?) wieder, die, zusammen mit Angehörigen anderer orientalischer Völker, in den römischen Legionen dienten und (haupt- oder nebenberuflich) heidnische Kulte nun verschiedenster Art vollzogen, nicht nur Feuerrituale.

So erklärt es sich, daß der heute übliche Magie-Begriff so viel wie „Umgang mit Dämonen" bedeutet. Und was sind Dämonen? Das sind Zwischenwesen, die, weder Gott noch Mensch sind. Sie unterscheiden sich von den Menschen, weil sie ihrer Natur nach unsichtbar sind, mögen auch Heilige und Visionäre fähig sein, Dämonen wahrzunehmen. Die abendländischen Dämonen sind unsichtbar weil raumlos (ausdehnungslos). Den asiatischen Dämonen kommt dagegen eine gewisse (gasartige?) Räumlichkeit zu: Man kann zum Beispiel (absichtlich oder versehentlich) auf Dämonen treten. Nun zur Zeitlichkeit von Dämonen: Asiatische Dämonen, wie sie zum Beispiel im Phurpa-Kult auftauchen, sind den Menschen weitgehend wesensähnlich. Sie bewegen sich im Kreis von Wiedergeburt und Tod mit der, wenn vielleicht auch reduzierten, Chance des Erlöschens im Nirwana (es sei denn, sie würden von einem Dolchmagier in ein Anderland außerhalb des Kreises verbannt).

Die Lebens-Zeitlichkeit abendländischer Dämonen steht dagegen in Frage. Es gibt Textstellen im Alten Testament (Genesis 6), die vermuten lassen, Dämonen seien (wie Gott selbst) ungeschaffen und unsterblich. Dagegen hat der Vatikan unlängst erklärt, Dämonen seien zwar (wie Menschen) von Gott geschaffen, dabei jedoch (anders als Menschen) unsterblich.

Eiserne Dolche für die zornvolle Austreibung

Und was unterscheidet die Dämonen von den Göttern? Da ist vor allem ein Unterschied fundamentaler Art: Die regulären Gottheiten greifen gewöhnlich nicht selbst in das irdische Leben ein und sind dazu als reine Geistwesen auch gar nicht in der Lage. Ganz anders aber die Dämonen: Sie, die Zwischenwesen, besitzen die Fähigkeit, sich zu verkörpern. Das heißt, sie können – kurz- oder langzeitig – in Materie aller Art eingehen und Menschen, Tieren, Pflanzen oder Steinen besondere Kräfte verleihen (oder entziehen).

Tibetischer Hausdämon

Gemeinhin scheinen die Dämonen ihr Wesen auf Erden recht unsystematisch (im Bereich des Zufälligen) zu treiben. Die Fruchtbarkeit im weiteren Sinn (Liebe, Schwangerschaft, männliche Potenz) ist eine ihrer bevorzugten Spielwiesen. Sache des Magiers (des Dolchführers) ist es nun, sich in der Lebenswelt der Dämonen zurechtzufinden, mit ihnen Kontakt aufzunehmen und sie zu veranlassen, sich nicht irgendwo, nicht irgendwie, nicht irgendwann zu verkörpern (oder zu entkörpern), sondern hier und jetzt in einer bestimmten Person oder in einem bestimmten Gegenstand einzuwohnen (oder sich von dort zu entheben). Im Dolchkult, davon gleich mehr, findet man gleich mehrere solche Verkörperungs-Vorgänge: Der Dolch-Magier selbst „wird" kurzzeitig zum Dämon Phurpa. Auch ein Dolch gewinnt „Phurpa-Kraft". Der auszutreibende Dämon wiederum materialisiert sich in einem Köder aus Papier und wird damit zerstörbar-endlich.

Roter Tiger-Dämon

Es bleibt aber das erwähnte Problem der Kontaktaufnahme der Anrufung – : Dämonen, gleich ob es sich um den „Fürst der Welt" (den christlichen Teufel) oder nur um gespenstliches Ungeziefer handelt, verstehen gewöhnlich keine gängigen Verkehrs- oder Alltagssprachen (nicht einmal tibetisch). Ihre Anrufung setzt deshalb besondere Fähigkeiten des Magiers voraus, vor allem die Beherrschung von künstlerischen Signal-Reper-toires wie: Tanzen, Feuerzeichen geben, Rezitieren, Musizieren, Singen, Malen, das Erzeugen von Gerüchen oder das Herstellen von Abbildern und Amuletten. Dies stets in der Absicht, einem (der vielen) Dämonen ein unverwechselbares Signal zu setzen. So auch im Phurpa-Kult. Hier genügen jedoch meist die schlichteren Künste: Das Rezitieren zaubersprüchlicher Silbenketten, eine Reihe von Handzeichen, das Blasen oder Knochentrompete und Grundkenntnisse des Zeichnens.

Nagarjuna treibt eine Dämonin aus

So viel zur Theorie. In der Dolch-Praxis kommt man jedoch hier und da auch ohne besondere Kunstfertigkeiten aus. Das lehrt eine Episode aus dem Leben des Nagarjuna, eines buddhistischen Heiligen[15]: Nagarjuna fühlte sich während seiner Studien im Kloster Nalanda durch die Anwesenheit eines jungen Mädchens irritiert, das dort, wie es heißt, die Mönche bediente. Nagarjuna erkennt nun kraft seiner verfeinerten Wahrnehmung: Dies Weib ist nicht von menschlicher Abkunft, sondern die Verkörperung einer Dämonen-Göttin mit Namen Candika. Um nun seine und die Gedanken seiner Mitbrüder wieder auf den Pfad der Reinheit zu bringen, schließt Nagarjuna das dämonische Mädchen in die Klosterküche ein, indem er einen Phurpa in den Boden des Klosterhofes (vor die Küchentür) stößt: Der Dolch versperrt ihr, der verkappten Dämonin, den Ausweg. Die jedoch macht sich an den Koch heran und verspricht ihm, sie wolle ihm fleischlich zu Willen sein, wenn er nur den vor der Küchentür steckenden Dolch aus dem Boden ziehen und verbrennen würde. Der Koch erliegt der Versuchung. Das damit überführte Dämonenweib flieht. Die Mönche des

---

[15] Erzählt nach A. Grünwedel „Mythologie des Buddhismus in Tibet und der Mongolei", Leipzig 1900, Reprint Osnabrück 1970, S. 31.

Klosters Nalanda können wieder ungestört von unkeuschen Gedanken ihren Meditationsübungen nachgehen.

Nagarjuna (2. Jh. nach Chr.)

Diese eher herzhafte Geschichte leitet zu der Frage über, wie die Dolche beschaffen sein müssen, damit sie Dämonen bannen können. Der Dolch, den Nagarjuna in den Boden des Klosterhofes gestoßen hat, war offenbar aus Holz. Denn wie sonst hätte der Koch ihn in seinem Küchenherd verbrennen können? Und wahrhaftig: Auch heute noch findet man in Basaren und Tibet-Märkten hölzerne Dolche in großer Zahl. Sie sind überwiegend aus Leichthölzern geschnitzt. Das ist die eine Seite.

Alte Ritualdolche mit stark abgeriebenen Bronzegriffen

Auf der anderen Seite hört und liest man, der wahrhaft bannende Dolch, der die Dämonen niederzukämpfen vermag, müsse aus Eisen, besser noch aus Meteoreisen gefertigt sein[16]. Ich selber habe in der aktiven Ritualpraxis nur Eisendolche gesehen und den Eindruck gewonnen, als dienten die Holzdolche eher passiven Zwecken, wie etwa zum Umstellen eines Platzes, der von Dämonen geschützt werden soll.

Spektralanalyse: Meteoreisen?

Ich halte mich im Folgenden an die Eisenversion. Sind diese Eisen-Phurpas nun tatsächlich aus Meteoreisen, aus „Himmelseisen" gemacht, wie es die Vorschrift befiehlt und wie es auch die Dolchmänner immer wieder betonen? Ich habe, weil ich es genauer wissen wollte, einmal sechs alte eiserne Phurpas in eine Aktentasche gepackt und sie von Metallurgen im Laboratorium eines Edelstahlwerks spektralanalytisch untersuchen lassen. Dabei erzeugt man auf der Oberfläche des Eisens, zum Beispiel auf der Dolchklinge, einen elektrischen Funken. Dessen Licht zerlegt und analysiert dann ein teurer Apparat, der

---

[16] Die Prominenz des Eisens (des Meteoreisens) ist in der Literatur häufiger erwähnt, so bei Brauen, Martin: „Heinrich Harrers Impressionen aus Tibet", Innsbruck 1974, S. 208, und David Néel, Alexandra: „Tibetan Journey", London 1936, S. 240. Die Griffe der Eisendolche sind jedoch nicht selten mit Bronze oder Messing ummantelt: Diese Bronze- oder Messinggriffe dürfen nach der rituellen Vorschrift aber nicht massiv gegossen sein. Vielmehr muß sich das Eisen der Klinge bis in das obere Ende des Griffs fortsetzen (was sich mit Hilfe eines Kompaß feststellen läßt). Die hölzernen Ritualdolche sind durchweg aus leichten Hölzern geschnitzt: Berberitze, Platane, Akazie, Wachholder, Sandelholz u.a. Nebesky-Wojkowitz (a.a.O. S. 352) erwähnt auch aus Teig geformte Dolche, die gegen Dämonen geschleudert werden. Soweit die Welt des Sichtbaren. In der Welt des Vorstellbaren tauchen zusätzlich Phurpas auch aus Materialien wie Menschenknochen, Gold, Türkis, Muschelkalk und Leder auf.

schon nach einigen Sekunden einen Papierstreifen ausspuckt. Darauf kann man ablesen, welche sonstigen Metalle dem Eisen beigemischt sind. Die Regel lautet nun, daß von Meteoren stammendes Eisen mindestens fünf Prozent Nickel enthalten muß. Das Analyse-Ergebnis zeigt die obige Tabelle: In allen sechs Dolchen finden sich wohl winzige Spuren von Nickel, aber kein Dolch erreicht auch nur annähernd jenen Mindestanteil von fünf Prozent Nickel, der das Eisen als Meteoreisen ausweisen würde[17].

SPEKTRALANALYSE von sechs Ganzeisen-Phurpas, Thyssen Edelstahlwerke, Witten (BRD), 27. November 1984:						
	Dolch no. 9	Dolch no. 13	Dolch no. 11	Dolch no. 14	Dolch no. 6	Dolch no. 10
Gewicht (g)	330	625	198	193	305	340
Länge (cm)	28.7	24.6	21.2	21.9	23.5	25.5
ZUSAMMENSETZUNG (Prozent)						
Kohlenstoff	0.340	1.500	1.400	0.570	1.000	1.200
Mangan	0.020	0.020	0.020	0.020	0.390	0.034
Molybdän	0.078	0.040	0.046	0.040	0.040	0.071
Vanadium	0.011	0.010	0.010	0.010	0.010	0.010
Aluminium	0.019	0.029	0.017	0.020	0.061	0.036
Silizium	0.088	0.270	0.140	0.085	0.340	0.230
Chrom	0.020	0.020	0.020	0.020	0.020	0.020
Nickel	0.086	0.069	0.030	0.030	0.030	0.030
Wolfram	0.020	0.020	0.020	0.020	0.020	0.020
Blei	0.050	0.050	0.050	0.050	0.050	0.050
Eisen	99.000	98.000	98.000	99.000	98.000	98.000

---

[17] Die Spektralanalyse wurden vom Laboratorium der Thyssen Edelstahlwerke, Krefeld/Witten, durchgeführt.

Mit Messing ummantelter Eisendolch und Opfergefäß

Ist die Behauptung, Phurpas bestünden aus Meteoreisen, damit nun das Reich der Legenden zurückgestuft, wie man sie so häufig im Bereich des Dolchkults antrifft? Ja und nein. Man kann zum Beispiel nicht ausschließen, daß tibetische Eisengießer der Eisenschmelze minimale Mengen von Meteoreisen zugesetzt haben, etwa durch Abfeilen einiger Spänchen von einem niedergefallenen Stückchen Nickeleisen. Damit wäre der rituellen Vorschrift Genüge getan. Ganz aufklären läßt sich jedoch auch diese Frage nicht mehr. Die Dolche werden nur noch hier und da mit der Hand aus importierten Eisenstangen geschmiedet. Die Mehrzahl stammt aus indischen Eisengießereien. Sie werden dort ohne besondere Feierlichkeit in Serien gegossen.

Und was sagen die Dolchleute dazu? Sie beharren einerseits auf der Meteortheorie. Sie selber beurteilen jedoch die Qualität eines Dolches nach ganz anderen Kriterien, zum Beispiel nach dem Klang: Sie schnippen mit dem Fingernagel gegen die Klinge und prüfen, ob der Dolch einen langen und gut hörbaren Ton aussendet. Das trifft für die wenigsten Dolche zu. Auch schätzen sie es sehr, wenn ein Phurpa einen magischen „Stammbaum" hat, das heißt: über Generationen im Besitz anerkannter Dolch-Lamas war und somit bannende Kräfte sozusagen akkumuliert hat. Sonstige Merkmale, etwa eingehämmerte Zaubersprüche und andere gestalterische Details, erscheinen ihnen weniger wichtig[18].

Ikonographie der Dolche

Namentlich amerikanische Tibetologen haben nun gerade diese bildnerischen Einzelheiten zum Objekt ihrer Studien gemacht. Dies jedoch mit nur teilweise befriedigenden Ergebnissen. Eines ihrer Resultate ist die Erkenntnis, daß sich die Phurpas nicht sauber klassifizieren lassen. Jeder Dolch ist eine Persönlichkeit für sich. Keiner gleicht so recht dem anderen, und selbst Familienähnlichkeiten zu verstehen etwa als erkennbare Herkunft aus der selben Werkstatt, lassen sich nur selten einmal ausmachen. In der Folge kann man die Dolche auch nur mit größter Vorsicht verallgemeinernd beschreiben.

Wie man auch auf den Bildern dieses Buches sehen kann, gibt es jedoch so etwas wie den Idealtypus des Phurpa. Er steht, um unten anzufangen, in einem Sockel in der Form eines gleichseitigen Dreiecks, das den Betrachter an jenen dreieckigen Steinkasten erinnern mag, in dem Padmasambhava die Ritualtexte des Dolchkults aufgefunden haben soll. Der Dolchführer

---

[18] Die Dolchführer scheinen die Phurpas ebenfalls nicht hauptsächlich nach äußerlich erkennbaren Kriterien zu klassifizieren, wohl aber nach unsichtbaren Qualitäten, wie etwa: Barmherzigkeits-Phurpa, Verbindungs-Phurpa oder Leerheits-Phurpa. Die Dolche mit lotusförmigem Griff gelten als eher friedvoll, die mit Dorje-förmigem Griff als zornvoll. Grundsätzlich kann man jedoch jeden Dolchtyp für jeden rituellen Zweck verwenden, sofern der Phurpa überwiegend aus Eisen gefertigt und mit einer dreischneidigen Klinge versehen ist (mündliche Auskunft von Lama Sherab Gyaltsen Amipa, Rikon).

kann den Phurpa aus dem Sockel herausnehmen und sie wieder hineinstellen. Es folgt die dreischneidige Eisenklinge, der entlang sich oftmals Schlangen ringeln. Die Klinge wiederum steckt im Maul eines Makara. Das heißt auf Sanskrit „Krokodil". Gemeint ist hier jedoch ein mythisches Ungeheuer, das nur in der menschlichen Vorstellung existiert und von den Zoologen noch nicht entdeckt worden ist. Oberhalb des Makara folgt meist ein „Ewiger Knoten". Das ist ein buddhistisches Glückssymbol, bekannt auch unter dem Namen „Eingeweide Buddhas".

Phurpa-Verehrung: Großer Zentraldolch und hölzerne Wächterdolche im Mandala. In der Mitte oben ein Mönch beim Phurpa-Gebet.

Der Handgriff besteht entweder aus einer stilisierten Lotusblüte. Das gilt für die eher friedvollen Dolche. Oder aus einem meist fünfstrahligen Donnerkeil bei den Phurpas von eher drohendem Naturell. Nach einem weiteren „ewigen Knoten" folgt das dreifache Gesicht des Phurpa, der – häufig aber nicht immer – zornig die Zähne zeigt[19]. Den Schluß, also das obere Ende, bildet gelegentlich ein Pferdekopf, der an Tamdin, den Pferdegott, erinnert, oder sonst ein buddhistisches Symbol, wie etwa ein Halb-Dorje. Alle diese Merkmale können jedoch auch fehlen. Entscheidend sind nur das Eisen und die Dreischneidigkeit der Klinge.

Was bedeuten die manchmal an den Dolchgriff gebundenen Seidentücher? Einige Dolchleute sagen, das Tuch diene nur der Polsterung, damit der Dolch in seinem konischen Behälter aus Kupfer oder Messing nicht klappern kann. Andere sagen, das Tuch solle den Dolch vor den Blicken neugieriger Zeitgenossen (Menschen und Dämonen) verbergen. Wieder andere erklären, die Seidenfahne, oft nur ein schwarzer, manchmal blauer Fetzen, solle den Dolch in seiner Flugbahn stabilisieren, wenn der Dolchführer – auch das kommt vor – den Phurpa gegen einen

---

[19] Die drei Gesichter des Phurpa sind einander meist gleich oder sehr ähnlich, sofern der Dolch aus dem Bereich der Volkskunst stammt. Bei künstlerisch hochwertigen Dolchen ist das Hauptgesicht der Phurpa-Gottheit (oberhalb der Nase des Makara) gelegentlich friedvoll gestaltet und nur die verbleibenden zwei Gesichter zeigen zornvoll die Zähne. Hier handelt es sich jedoch offenbar nicht um eine bindende gestalterische Vorschrift, allenfalls um eine unverbindliche Sitte.

Dämon schleudert[20]. Und schließlich fungiert das Tuch als „das Kleid des Gottes".

Ein Ritualdolch ist mithin kein toter Gegenstand, kein bloßes Messer, sondern zugleich eine Gottheit. Ich betone: Zugleich. Phurpas sind gleichzeitig leblose Instrumente, Kultgeräte, die der Austreibung dienen, und auch eine lebendige Gottheit, die ebenfalls Phurpa heißt. Mit anderen Worten: Wenn immer ein Mensch einen solchen Dolch zur Hand nimmt, umschließen seine Finger die Gottheit Phurpa: Gottheit und Messer sind eins und zwischen ihnen hat kein Haar Platz. Eine solche Gleichsetzung ist Abendländern nun nicht gerade geläufig. Auch wir kennen wohl Gottesbilder wie Kruzifix oder Madonnenstatue. Diese Abbilder, das ist der Unterschied, symbolisieren jedoch nur die Gottheit; sie dienen als Sinnbild. Mit dem Phurpa ist es anders. Der Dolch ist, kurz gesagt, ein gottheitliches Wesen.

Diese Einheit von Dolch und Gott stellt nicht zuletzt die Phurpa-Gläubigen vor manchmal eigentümliche Probleme wie etwa: Was tun mit einem Ritualdolch, der nicht mehr gebraucht wird, weil sein Besitzer gestorben ist, ohne einen spirituellen Erben eingesetzt zu haben? Die Tibetforscherin Alexandra David-

---

[20] Ritualdolche werden beim Kampf gegen Unsegen stiftende Dämonen gelegentlich auch geworfen. In der Folge findet man nicht selten Phurpas, die (wahrscheinlich beim Aufprall auf Steine) gebrochen und danach wieder gelötet worden sind. Bei alten oder viel gebrauchten Dolchen ist die originale Klinge gelegentlich abgebrochen und entweder ganz erneuert oder, vergleichbar einem schlechten Zahn, mit Silber überkront.

Néel[21] berichtet über ein solches Vorkommnis: Sie begegnet einer Gruppe verängstigter Bauern, die den Dolch ihres jüngst verstorbenen Lamas in einem Kasten mit sich tragen, um ihn heimlich – wohl gemerkt auf dem Gebiet des benachbarten Dorfes – in einer Höhle zu deponieren: Ihr eigenes Land wollten sie nicht mit den unberechenbaren Dolchkräften infizieren. Als Folge dieser magischen Entsorgungsprobleme haben manche Dolche ein ehrwürdiges Alter erreicht. Ihre Griffe sind abgeschliffen und poliert vom Jahrhunderte währenden Schwören, Beten und Rollen zwischen den Handflächen: Einmal geschmiedet und geweiht, wird man sie nicht mehr los.

Wer ist nun Phurpa? Bis ins letzte hinein läßt sich diese Frage nicht beantworten. Himalaya-Gottheiten sind meist nicht als klar abgrenzbare Individuen zu verstehen; sie sind vielmehr oft Emanationen oder Personifikationen anderer Gottheiten, wobei gelegentlich unklar bleibt, wer nun wen personifiziert. Phurpa, das ist unbestritten, steht hier in einer Beziehung mit dem in der Mongolei beheimateten Pferdegott Tamdin, auf Sanskrit Hayagriva, was so viel wie „der Pferdeköpfige" bedeutet. Hier findet sich wieder eine Verbindung zu den Nomaden, der Bodenweihe und den Zeltpflöcken. Darüber hinaus gilt Phurpa jedoch auch als kampfeslustige Erscheinungsform eines Prinzips, das sich in den Gottheiten Mahakala (einem entfernten Verwandten des indischen Shiva), in Avalokiteshvara, dem

---

[21] Siehe David-Néel, Alexandra: „Heilige und Hexer", S. 133, 3. Auflage, Wiesbaden 1981.

Schutzpatron von Tibet, und nicht zuletzt in Padmasambhava manifestiert, jenem indischen Weisen, der den Dolchkult vervollkommnet haben soll[22].

Trotz seiner heidnischen Herkunft zählt Phurpa, gemeint ist jetzt der Gottheits-Aspekt, durchaus nicht zu den niederen Gottheiten. Im Gegenteil: Die Mönche des Sakya-Ordens – eine der vier großen tibetischen Sekten – verehren Mahakala-Phurpa als ihren Schutzgott, zu dem jeder Sakya-Mönch täglich mit dem Dolch zwischen den Händen zu beten hatte. Phurpa kommt darüber hinaus noch eine besondere Funktion im buddhistischen Pantheon zu: Seit seiner – wenn auch nur teilweise geglückten – Eingemeindung in den tibetischen Buddhismus dient der wütende Pferdegott als „Beschützer der Lehre" des Erhabenen, das heißt: Als Verteidiger des Lamaismus gegen dessen menschliche und dämonische Feinde.

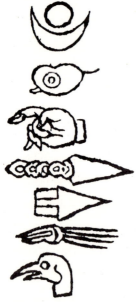

Zeichen der tibetischen Wochentage

Dem Phurpa, immer noch in seinem Aspekt als Gottheit, steht auch eine angemessene Verehrung zu. Ihm ist ein Planet, der Jupiter, zugeordnet und ein Wochen-

---

[22] Näheres dazu bei Meredith, Georgette: „The Phurbu: The Use an Symbolism of the Tibetan Magic Dagger", in: History of Religion, Vol. VI, nr. 3, Chicago 1967, und bei Huntington a.a.O.

tag, der Donnerstag, geweiht[23]. Seine Anhänger feiern ein jährliches Phurpa-Fest, das in der Regel in den Monat August fällt[24]. Bei dieser Gelegenheit streuen mindestens die Mönche des Sakya-Ordens ein kunstvolles Mandala, ein Weltdiagramm, mit Pulverfarben auf den Tempelboden, wie man es auf dem Foto auf Seite 50 sieht: In der Mitte des Mandala[25] steht ein großer Verehrungs-Phurpa, der um 60 Zentimeter hoch sein mag, umgeben von hölzernen Wächterdolchen, die mit roten Jäckchen geschmückt sind. Bei genauem Hinschauen erkennt man in der linken oberen Ecke des Bildes einen Mönch, der einen Ritualdolch zwischen den Händen rollt.

---

[23] Nach Filchner, Wilhelm: „Kumbum Chamba Ling", Leipzig 1933, S. 498, steht der Phurpa astrologisch dem Planeten Jupiter nah. Phurpa ist dem Wochentag Donnerstag zugeordnet und symbolisiert auf tibetischen Kalendern auch den Donnerstag (Waddel, L.A.: „The Buddhism of Tibet or Lamaism", Cambridge 1884, 3. Auflage (reprint) 1971, S. 455).

[24] Nach Beyer, Stephan a.a.O. S. 44 beginnt das große fünf Tage währende Phurpa-Fest jeweils am achten Tag des vierten Monats im tibetischen Kalenderjahr.

[25] Das Sanskrit-Wort Mandala hat verschiedene Bedeutungen: Rund, Sonnenscheibe, Kreis, Ring, Gruppe, Schar, Menge, Bezirk, Gebiet (astronomische) Bahn, Spielball, Runde, Zirkel, Buch, Abschnitt. Der Begriff Yantra – irrtümlich manchmal mit dem Mandala gleichgesetzt – bedeutet dagegen Stütze, stumpfes chirurgisches Instrument und Maschine. Siehe Mylius, Klaus: „Wörterbuch Sanskrit-Deutsch", Leipzig 1992.

Wie alt sind die Dolche?

An dieses Bild sollten Sie sich erinnern, falls Sie selbst einmal in die Versuchung geraten, einen Phurpa zu kaufen. Bei den vorausgehenden Streifzügen durch Basare, Antiquitäten-Geschäfte und Auktionshäuser begegnet man gelegentlich Dolchen unterschiedlichster Machart: Sie sind entweder nicht aus Eisen, entsprechen also nicht der rituellen Vorschrift, oder sie sind (wie der Zentral-Phurpa auf dem Foto) so groß, daß man sie nicht zwischen den Händen rollen könnte. Die Lösung des Rätsels: In der Dolchwelt finden sich mindestens drei Kategorien von Phurpas: Dolche die nur der Verehrung dienen, hölzerne Wächter-Dolche wie sie auf dem Bild das Mandala bewachen, und, drittens, die eigentlichen „Diamantprinzen": Eisendolche, die man bei Austreibungs-Ritualen zwischen den Händen rollt[26].

---

[26] Bei der Klassifizierung von Ritualdolchen kann man sich am Verwendungszweck orientieren. Es gibt insoweit drei Hauptkategorien: 1) Dolche zur Verehrung, 2) Dolche für die passive Magie und 3) Dolche für die aktive Magie (Exorzismus). Innerhalb der ersten Kategorie (Verehrung) findet man vier Untertypen, nämlich: Riesen-Phurpas (1 bis 2 Meter hoch, aus Messing oder Bronze gepunzt), die als Tempel-Statuen dienen; dann Mandala-Phurpas (30 bis 70 cm hoch), die bei feierlichen Anlässen in der Mitte des Mandalas stehen; dann Halbstatuen für die gegenständliche Meditation (15 bis 60 cm hoch), deren obere Hälfte eine manchmal geflügelte Phurpa-Gottheit zeigt und deren untere Hälfte aus einer dreischneidigen Klinge besteht; gefolgt schließlich von Ganz-Statuen, die Phurpa als anthropomorphes Wesen zeigen (meist: drei Gesichter, sechs Arme, vier Beine, mit prajna). Die Phurpas für die passive Magie (zweite Kategorie) sind gewöhnlich aus Holz geschnitzt (15 bis 30 cm) hoch. Mit ihnen umsteckt man durch Dämonen gefährdete Plätze: Etwa landwirtschaftlich genutzte Flächen, Zeltplätze oder auch Mandalas. Sie dienen der bloßen Abschreckung. Die Ritualdolche für die aktive Magie (dritte Kategorie) bestehen ganz oder doch überwiegend aus Eisen (Höhe 15 bis 30 cm). Hier findet man zwei Untertypen, nämlich Ganzeisen-Dolche, die, in besserer Ausführung, geschmiedet und, in schlechterer Ausführung, gegossen sind. Ihr Gewicht sollte 300 bis 400 Gramm nicht übersteigen, weil die Dolchführer Phurpas dieser Machart oft ständig mit sich tragen. Dazu kommen – zweiter Untertyp –

Der jeweilige Verkäufer eine Phurpa wird Ihnen wahrscheinlich versichern, es handele sich um ein uraltes Stück aus dem 13. oder 14. Jahrhundert. Sie wiederum werden dann einen Schluck Tee nehmen und ihren Verhandlungspartner fragen, wie er das wissen könne? Tatsächlich läßt sich das Alter von Dolchen kaum sicher bestimmen. Die eigentlich geeignete Methode, das 14-C-Verfahren[27], kommt bei der Altersbestimmung von Dolchen nicht in Betracht: Der Anteil des Kohlenstoffs im Dolcheisen beläuft sich auf nur etwa ein Prozent. Man müßte folglich einen ganzen Dolch für die Probe opfern. Somit bleibt dem Kaufanwärter meist keine andere Wahl, als sich auf die (oft aber nicht immer richtige) Annahme zurückzuziehen, ein viel gebrauchter Dolch müsse wohl auch ein alter Dolch sein: Die Gebrauchsspuren kann man teils sehen und teils fühlen, wenn man den Phurpa einmal selbst zwischen den Handflächen rollt.

Was sind das für Menschen, die mit dem Zauberdolch umgehen und den Phurpa-Kult praktizieren? Verallgemeinerungen sind hier sicher nicht am Platz. Man gewinnt jedoch den Eindruck, es seien überwiegend ältere Männer, die nicht unbedingt aus

---

Tempeldolche, die ebenfalls der aktiven, der Austreibungs-Magie dienen. Diese häufig sehr gut gearbeiteten Tempeldolche, versehen oft mit sorgfältig gegossenen Bronzegriffen, werden gewöhnlich nicht im Gürtel getragen. Sie haben ihren festen Platz auf dem Gebetspult des Abtes. Ihr Gewicht kann mithin die 400-Gramm-Grenze oft erheblich übersteigen. Zur Typologie der Ritualdolche siehe Heller, Amy und Marcotty, Thomas: „Phurpa – Tibetan Ritual Daggers". *Arts of Asia 17, No. 4 (1987), pp. 69-77.*

[27] Siehe Riederer, Josef: „Kunstwerke chemisch betrachtet", Berlin/Heidelberg/New York 1981, S. 144.

der gesellschaftlichen Oberschicht stammen müssen, sondern, vergleichbar den Heilpraktikern im Westen, auf Grund besonderer Begabung und oftmals langjährigen Bemühens zum Phurpa-Kult gefunden haben. Die Dolchanhänger – soll man von spirituellen Selfmademen sprechen? – gehören überdies nicht dem Gelugpa-Orden an[28]. Das ist die Sekte der „Gelbmützen", die etwa seit dem Jahr 1400 das geistige und profane Leben in Tibet bestimmt haben und aus deren Mitte der Dalai Lama stammt, auch der jetzt lebende 14. Dalai Lama. Die Dolchleute gehören vielmehr zu jenen Sekten, die seit der tibetischen Reformation an der Wende des 14. zum 15. Jahrhundert ins politische und teils auch ins geographische Abseits gedrängt worden sind: Die Padmaisten (Nyingmapa oder Rotmützen) und unter ihnen die Sakya-Mönche, die, wie erwähnt, Mahakala-Phurpa zu ihrem Schutzpatron erkoren haben.

Über Dolchführer

Diese Mönche oder Lamas entsprechen jedoch nicht alle den abendländischen Vorstellungen von einem geistlichen Herrn: Viele, nicht alle, sind verheiratet. Manche, nicht alle, tragen eine Mönchsrobe. Die Trennlinie zwischen dem Priester und dem spirituell fortgeschrittenen Laien läßt sich nicht deutlich ziehen.

---

[28] Der Phurpa-Kult war bei den Angehörigen der Gelbmützen-Sekte (Gelugpa) nicht weit verbreitet und nicht hoch angesehen. Dennoch war der Umgang mit dem magischen Dolch auch nicht regelrecht verboten. Nach Lessing (a.a.O., S. 272) findet sich sogar in den Schriften von Tsonkhapa, dem Begründer des Gelbmützen-Ordens, eine Textstelle, wonach sich der Mönch mit zehn Fähigkeiten (categories) vertraut machen muß. An achter Stelle steht hier „the rite of accomplishing the fierce act i.e. tying down the gods with the magic nail (kila)".

Sie alle sind offenbar männlichen Geschlechts (siehe die Photos auf den Seiten 61, 79, 149). Auf meinen Streifzügen durch die Dolchwelt habe ich nur selten Hinweise auf Frauen gefunden, die in den Phurpa-Kult eingeführt waren[29]. Die Mönchsweihe schadet nicht, gilt jedoch nicht als Bedingung. Auch braucht sich der Dolchmann nicht an besondere Askese-Vorschriften, etwa: sexuelle Abstinenz und einen vegetarischen Speiseplan zu halten.

Skorpion-Amulett zum Schutz vor bösen Geistern

---

[29] In der Theorie gibt es keinen Grund, weshalb nicht auch Frauen mit dem Phurpa aktiv sein könnten. Entsprechende Hinweise bleiben jedoch vage: Der Autor hat einmal auf dem Flughafen in Patna eine buddhistische Nonne europäischer Herkunft getroffen, die ihren Dolch verloren hatte und darüber recht beunruhigt war. Bei dieser Begegnung mußte offen bleiben, wie und zu welchen Zwecken sie den Phurpa benutzt hat. In der Lebensgeschichte der legendären Dakini Yeshe Tsogyel (Dowman, Keith: „Sky Dancer", London 1984) ist häufiger vom Dolchkult die Rede. Yeshe Tsogyel berichtet hier u.a.: „Then I went to the Utse Pagoda where I revealed the Mandala of Dorje Phurba, and practised Phurba's rites, until after seven days the deities of the Mandala appeared. The Siddhi obtained in this practice was the power to make the enemies (demons) their own executioners".

Die Begegnung mit Dolchführern, regelrechten Magiern oder Zauberern, gestaltet sich keineswegs beklemmend oder schaurig. Es handelt sich überwiegend um Menschen von angenehmer Selbstsicherheit, humorvoller Lebendigkeit und Herzensstille, mit denen man trotz der kulturellen Distanz meist leicht ins Gespräch kommt, vorausgesetzt es gelingt dem gelbhaarigen Femdling, jenes schon genannte Problem vom Tisch zu bringen, nämlich die Frage, wieso sich jemand für den Dolchkult interessieren kann. ohne ihn selbst ausüben zu wollen. Geldfragen, das sollte ich vielleicht erwähnen, haben bei solchen Treffen nie eine tragende Rolle gespielt. Natürlich wird der Mann von Lebensart, asiatischer Sitte folgend, stets ein angemessenes Geldgeschenk hinterlassen: Auch Zauberer müssen essen. Das Vertrauen, darauf kommt es vor allem an, läßt sich jedoch besser durch andersgeartete Mitbringsel herstellen. So schadet es nicht, ein deutsches Lied vorsingen zu können oder der Frau des Hauses zu zeigen, wie man, streng nach preußischer Art, einer Dame die Hand küßt: Tibeter, Magier inbegriffen, lachen nun mal gern.

Über die Tantra-Lehre

Trotz ihrer oft unterschiedlichen Herkunft, Ausbildung und Sektenzugehörigkeit ist den Dolchleuten jedoch durchweg eines gemeinsam: Sie sind in der Tantra-Lehre ausgebildet[30].

---

30 Mündliche Auskunft von Lama Sherab Gyaltsen Amipa, Lama Kunsang Dorjee und Lama Sonam Phun Tosk.

Demonstration einer rituellen Geste

Die älteren unter ihnen haben oft noch die tantrische Fakultät einer Klosteruniversität in Tibet absolviert. Andere haben eine vielleicht weniger formale tantrische Ausbildung hinter sich[31]. Gleichviel: Tantra ist die Theorie, ohne die kein Dolchführer auskommt. Was ist Tantra? Das Sanskrit-Wörterbuch nennt nicht weniger als zehn verschiedene Wortbedeutungen[32]. Immerhin gibt es jedoch zwei Bedeutungsschwerpunkte: Tantra heißt einmal so viel wie Weben, Gewebe oder Weberei. Zum anderen bezeichnet das Wort Bücher zauberischen Inhalts.

Auf die Gefahr hin, mir die Schelte gelernter Tantriker zuzuziehen, gehe ich nun ein doppeltes Wagnis ein: Zum ersten stelle ich nur jene Inhalte der tantrischen Lehre dar, die zum Verständnis des Phurpa-

---

[31] Bei Chang, C.C. (Herausgeber: Muses, C.A.): „Esoteric Teachings of the Tibetan Tantra", ohne Ortsangabe, 1961, findet sich auf S. 31 ff. die Beschreibung einer Einweihung für Phurpa-Novizen. Die Initiation beginnt mit Anrufung der Buddhas. Der Schüler ist danach gehalten, seine Persönlichkeit mit dem „zornvollen Guru" (Padmasambhava?) zu verschmelzen. Der eigentliche (vom Zeremonien-Meister gesprochene) Einweihungstext lautet: „Thus one should have faith in his teachings and lineage. O the Lotus Lord! Through his miraculous Phurba all wishes are granted and accomplishments realized. Again you should know that the Father and the Mother Guru are embodied in the Phurbu dagger. Today's initiation is called the Initiation of the Ao-rgyng Yabyum embodied in the Buddha Rdo-rje-gyoun-nu or the Elimination of Evil through the Fierce Guru with Phurba". Der Novize trinkt danach „Nektar" aus einer Schädelschale. Der Meister vertraut dem Schüler den Dolch und die übrigen Gerätschaften an, indem er sie auf dessen Kopf drückt.

[32] Im „Wörterbuch Sanskrit-Deutsch" von Mylius (a.a.O.) sind unter dem Stichwort Tantra folgende Bedeutungen aufgeführt: Webstuhl, Webkette, Gewebe, Grundlage, Norm, Regel, Lehre, Lehrbuch. Literaturgattung magischen Inhalts, Zauberformel, Mittel, Trick, Arzneimittel, Regierung, Autorität, Saite, Reihe, Serie und Trupp.

Kults unerläßlich sind und lasse dabei durchaus wesentliche Bestandteile weg. Zum zweiten nehme ich mir die Freiheit, diesem herausgelösten Teil seine orientalisch-verwirrende Buntheit abzuwischen, die den abendländischen Betrachter nur zu leicht befremdet. In dieser gemagerten Form präsentiert sich die Tantra-Lehre zunächst einmal als eine Sprache, deren Zeichenschatz teils auch in Büchern niedergelegt ist. Diese Sprache eignet sich jedoch nicht zur zwischenmenschlichen Verständigung. Vielmehr handelt es sich um eine okkulte Sprache, die – direkt Vergleichbares kennen wir nicht – am ehesten noch jenen Programmiersprachen für Computer gleicht, ohne deren Kenntnis wir heute so recht nichts mehr in Bewegung zu setzen vermögen.

Gleich diesen Computer-Sprachen besteht auch die tantrische Okkult-Sprache aus einer Reihe von Befehlen, „Mantras" genannt[33], die natürlich nicht dem Dialog zwischen Mensch und Maschine dienen, sondern dem Gespräch mit der hinterzeitlichen Welt und deren Bewohnern, gleich ob es sich hier um Dämonen oder im Menschen selbst beheimatete psychische Kräfte handeln mag. Damit wird auch schon erkennbar, weshalb Dolchführer ohne tantrische Schulung nicht auskommen: Es ist ja ihre Aufgabe, mit den Glück und Unglück stiftenden

---

[33] Mantra bedeutet: Spruch, Zauberspruch, Lied, Hymne, Rat, Beratung, Verabredung, Plan (siehe Mylius a.a.O., S. 357).

Kräften in Verbindung zu treten. Dazu verwenden sie jene magische Programmier-Sprache: Die Mantras.

Mantras sind wiederum Worte, die überwiegend aus dem Sanskrit abgeleitet sind, aus einer altindischen Liturgie-Sprache ähnlich dem Kirchen-Latein. Der Wortsinn der Mantras ist manchmal zweifelsfrei und deutlich. So heißt zum Beispiel der Phurpa auf Sanskrit „Kila" oder „Kilaya". Er ist auch in der Mantrik als Kula eingegangen. Ein zweiter Teil des Mantra-Wortschatzes besteht aus Vokabeln, die nichts Bestimmtes bedeuten, sondern Gefühlsqualitäten zum Ausdruck bringen. Dazu gehört etwa das Mantra OM, das so viel wie ein Ganzheitserleben hervorrufen soll, oder PHAT, das „Enthebe Dich" signalisiert. Der dritte und weitaus umfänglichste Teil der Mantras ist jedoch sinnleer, bedeutet also nichts, was sich näher bestimmen ließe.

Was soll nun eine Sprache, die zum großen Teil aus Leerworten besteht? Damit kommen wir zu einer zweiten Version des Tantra-Begriffs: Tantra ist zwar in erster Linie eine Sprache oder ein Wortschatz. Der Gebrauch dieser Worte fußt jedoch auf einer Theorie, einer Vibrationslehre, deren Hauptsatz lautet: Akustische Signale wie zum Beispiel sorgsam artikulierte Silben oder Silbenfolgen, wie etwa das tibetische National-Mantra Om mani padme hum, erzeugen Bilder oder optische Erlebnisse. Die akustischen Wellen schaffen, nein, sind zugleich

Lichtwellen. Das klingt zunächst etwas seltsam. Dennoch ist auch Abendländern dieses mehrdimensionale Wahrnehmen im Ansatz vertraut: Die Qualität von Musik und Poesie ermißt sich auch für uns zum Teil daran, ob die akustischen Signale Bilder im Kopf entstehen lassen oder nicht. Umgekehrt erzeugen visuelle Erlebnisse, etwa das Betrachten eines Werks der bildenden Kunst, beim geübten Betrachter ein akustisches Echo, einen Klangeffekt. Ein Gemälde „sagt" einem etwas. Oder es sagt einem nichts.

Spiegelbildlichkeiten: Klang und Licht

Diese Beziehung, die Spiegelbildlichkeit von Klang und Licht, in unseren Breiten eher am Rand der alltäglichen Erfahrung angesiedelt, ist in der Tantra-Lehre Ausgangspunkt eines entwickelten Systems verfeinerter Wahrnehmung. Das Artikulieren einer bestimmten Lautwellengestalt etwa des Mantras OM AH HUM oder PAT, erzeugt nun nicht nur ein verwaschen-zufälliges Bild, sondern ein bestimmbares Stück visueller Realität, die für den geschulten Tantriker nicht minder wirklich ist, als die fotografierbare Realität niederer Ordnung, mit der sich der Laie gemeinhin begnügen muß. Die Mantras fungieren hier als Zünder, die bestimmte Wahrnehmungsprozesse in Gang setzen und dem Dolchmann Erlebnisfelder freigeben, die dem Uneingeweihten gemeinhin verschlossen bleiben.

Dieses in Asien verfeinerte Wahrnehmungsvermögen – es handelt sich um einen nicht weiter erklärbaren kulturellen Unterschied – läßt sich durch systematisches Üben ganz erheblich steigern: Man kann sich etwa darum bemühen, Menschen oder Gegenstände sowohl scharf als auch mit unscharf eingestellten Augen, das heißt silhuettenhaft, zu betrachten. Oder man versucht, ein weiteres Beispiel, die visuelle Alltagswirklichkeit in kleinste Wahrnehmungsfelder zu zerlegen, also die Welt wie durch ein starkes Teleobjektiv zu betrachten. Oder: Man übt sich darin, nicht die eigentlichen Dinge, sondern ihre Zwischenräume anzuschauen, deren eigentümliche Formen dem Betrachter häufig entgehen. Weiter: Mann kann mit dem üblichen, dem selektiven Sehen Schluß machen, wenigstens einmal für zehn Minuten, und in der Folge visuelle Reichtümer entdecken, die das insoweit ungeschulte Auge meist nicht wahrnimmt. Das Resultat solcher Übungen ist dann der Eindruck, als habe Ihnen jemand gewissermaßen die Windschutzscheibe geputzt.

Mit den Fingerspitzen riechen

So viel zum bloßen Sehen. Nun verfügt der Mensch jedoch über fünf Sinne oder gar deren sechs, wenn man das Raum-Zeit-Erleben mit zu den Sinnen zählt. Diese überwiegend als getrennt erlebten Sinneskanäle – das ist der nächste Schritt – kann ein geübter Tantriker auf wunderbare Weise zu einer ganzheitlichen Wahrnehmung vernetzen. Lichtwellen und

Lautwellen, Geruch und Gehör, verweben sich wie Kette und Schuß zu einer Einheit. Das Ziel der tantrischen Ausbildung ist schließlich der Mensch, der mit den Fingerspitzen riecht, mit seinen Augen hört, mit seinen Ohren zu sehen vermag und zur totalen Wahrnehmung hingefunden hat: Das, was der gemeine Mann für unabänderliche Realität hält, verwandelt sich in formbares Sinnen-Material, in eine Art Theater, auf dessen Bühne der geschulte Dolchführer die Gestalten und Geschehnisse selbst erzeugt und mit seinen Mantras aufruft.

*Maraerscheinungen
(Lahore Museum)*

Nach der Theorie nun ein Stückchen Dolchpraxis. Wie zündet man nun Wirklichkeiten? Als Beispiel diene hier ein kleines Ritual, vergleichbar einer Morgenandacht, einem Vaterunser, wie es zum Tagesablauf eines jeden Dolchführers gehören sollte. Zweck des Rituals ist es, alle fühlenden Wesen, also auch Sie und mich, vor dem Bösen zu schützen. Dieses Böse,

Mara[34] genannt, ist nun, anders als in unserer Vorstellungswelt, nicht die Agressionslust. Mara ist vielmehr die Unwissenheit, aus der Tod, Seuchen (und auch die Liebe) hervorgehen. Diese tägliche Mara-Vertreibung beginnt ganz schmucklos damit, daß irgendwo vor der gewaltigen Himalaya-Kette frühmorgens ein einsamer Mann im Verborgenen sitzt, vor ihm eine Butterlampe, das Foto seines Guru und ein Bild seines Yidam, seiner Schutzgottheit. Der Dolch steht vor ihm n einem dreieckigen Sockel aus ungebranntem Ton. Er nimmt den Phurpa und legt ihn zwischen die Handflächen. Der Dolch rollt nun zwischen den Handflächen hin und her, ein paar Sekunden in Scheitelhöhe über dem Kopf, dann vor dem Mund, dann vor der Brust, Dazu rezitiert der Dolchmann in leicht abfallender, seufzender Tonfolge eine Silbenkette. Die lautet:

OM RULU RULU HUM SHOA HUM; OM BHASER KILI KILAYA SARVAR; BING NE BAM HUM PHET

Der Sinn dieser Signalworte bewegt sich in der Dämmerungszone zwischen Verständlichkeit und Sprachdunkel. Der Sanskrit-Kundige könnte der Silbenkette mit einiger Phantasie entnehmen, daß von einer großen und heiligen Sache (OM) die Rede ist, daß ein Allgestaltiger (SARVAR) barsch angefahren (HUM) und mit einem Phurpa (KILI, KILAYA) bedroht wird,

---

[34] Das Sanskrit-Wort Mara heißt so viel wie Tod oder Seuche (siehe Mylius a.a.O.). Mara wird aber auch zur Benennung des (personifizierten oder nicht personifizierten) Bösen verwendet, das wiederum mit der Unwissenheit gleichgesetzt wird, aber auch mit der Liebe, dem Liebesgott und dem Teufel.

und, daß er, der Allgestaltige entfliegen möge (PHET). Die übrigen Mantras sind teils vieldeutig, teils unverständlich, zumal ihr Sinn auch durch dialektbedingte Nuancen der Aussprache beeinflußt werden kann[35].

Diese Silbenkette wiederholt der Dolchmann nun nicht weniger als einhundertacht Mal und bei jeder Wiederholung verfestigt sich das Bild der von Mara bedrohten Welt. Dies jedoch nicht im Sinn einer bloßen Vorstellung und schon gar nicht nach der Art einer Halluzination, sondern als Resultat eines durch Übungen verbesserten Wahrnehmungsvermögens. Für diesen uns nicht leicht verständlichen Vorgang gibt es ein Fremdwort: Er „ideiert" Mara und die von ihm verseuchte Welt. Das Wort stammt aus dem Griechischen und ist von „idea", dem Urbild, oder auch von „eidolon", dem Bildnis, hergeleitet.

Wie sieht nun eine ideierte Wirklichkeit aus? So recht Gewisses erfährt man dazu nicht. Man gewinnt jedoch den Eindruck, die von einem Dolchführer erschaute Welt müsse sich wohl von jener kugelförmigen Erde unterscheiden, wie die Astronauten sie vom Mond aus fotografiert haben: Es handelt sich vielmehr um eine im Weltmeer schwimmende Scheibe, deren Mittelpunkt

---

[35] Die Aussprache der Mantras ist ein nicht recht gelöstes Problem im Tantrismus. Das besonders im Dolchkult häufige Mantra PHAT zum Beispiel wird von den Tibetern wie PHET ausgesprochen, oder PADME wie PEHME. Diese Unterschiede sind nicht ohne Belang, denn nach der Lehre der tantrischen Orthodoxie können Mantras nur wirken, wenn man sie korrekt artikuliert. Was aber nun korrekt ist – PADME oder PEHME, PHAT oder PHET – läßt sich nicht eindeutig klären: Die am Sanskrit orientierten Hindu-Tantriker bleiben bei PHAT, die mehr am Tibetischen orientierten Mahayana-Buddhisten bestehen auf PHET.

der Mount Kailash bildet. Das ist ein Himalaya-Gipfel im Grenzgebiet von Indien, Nepal und Tibet, in dessen Nähe vier große Ströme entspringen: Brahmaputra, Ganges, Indus und Yamuna. Am westlichen Rand der Scheibe – Amerika ist noch nicht entdeckt – wohnen die Feringhi, die „Franken", die Europäer, also Sie und ich, Amerikaner heute gewiß mit inbegriffen. Mara, das Böse, zeigt sich nicht unbedingt als Dämon mit Hörnern und Klauen. Der Allgestaltige kann vielmehr in den verschiedensten Verkleidungen erscheinen, etwa in der Form einer Wolke, die der Dolchführer mit seinem Phurpa bedroht, zerschneidet und verjagt.

Nach einer knappen Stunde, so lang dauert die hundertachtfache Rezitation der Silbenkette, läßt der Dolchmann das Bild verblassen. Draußen ist es inzwischen hell geworden. Die Bergspitzen haben sich gelb gefärbt. Das Tal ist mit Nebel gefüllt, und der zuschauende Feringhi mag sich fragen, ob dergleichen Rituale wohl etwas bewegen können? Die Antwort lautet überwiegend: Ja. Mich persönlich läßt der Gedanke nicht völlig unberührt, daß da irgendwo im Osten Menschen mit Dolchen in den Händen sitzen und auch für mich gegen das Unheil kämpfen, während ich nachts gegen ein Uhr Ortszeit Zürich auf der vereisten Gotthard-Autobahn unterwegs bin. Ist dieses Bewußtsein nicht schon Wirkung genug?

Appelle an Andachts-Gefühle wären der Sache jedoch nicht angemessen. Tatsächlich gehen die Dolchleute mit ihren Zündworten und Wirklichkeiten auf faszinierend mechanistische Weise um. Sie betrachten dieses Verfertigen von Realität als einen ganz normalen Vorgang, so wie sich unsereiner nicht groß darüber wundert, daß sein Auto anspringt und abfährt, wenn man den Zündschlüssel dreht. Die Welt, das gilt als ausgemachte Sache, existiert nicht eigentlich. Wir machen sie in unseren Köpfen. Dazu vielleicht noch ein Beispiel: Ich erinnere mich an eine Unterhaltung mit einem Dolchmann über die Frage, wie man am besten Yantras[36] herstellt. Das sind einfache geometrische Figuren, überwiegend gleichseitige Dreiecke, die man bei Austreibungs-Zeremonien vor sich auf den Boden zeichnen muß. Wie macht man solche Yantras? Durch Kratzen in den Boden? Mit Farbpulver? Durch Abstecken mit Wächterdolchen? Die Antwort lautete sinngemäß: „Das können Sie so oder so halten. Aber warum machen Sie das Yantra nicht einfach im Kopf?"

Mudras: Die rituellen Handzeichen

Mit dem Erlernen von Mantras – es gibt deren theoretisch Tausende – ist die tantrische Ausbildung jedoch noch nicht abgeschlossen. Ein guter Tantriker und Dolchführer muß bei sei-

---

[36] Das Wort Yantra bezeichnet praktisch eine geometrische Figur oft in der Form eines gleichseitigen Dreiecks von unterschiedlichem Wirklichkeitsgrad: Zum einen als dreieckige Deckeldose, dann als mit Pulverfarbe auf den Boden gestreutes Bild und schließlich in idierter, also vorgestellter Form

nen Ritualen nicht nur mit der Seele und der Sprache bei der Sache sein, sondern auch den Körper einbeziehen. Dieser Einbezug geschieht im Weg einer Körper- oder Händesprache: Der Dolchmann ergänzt die akustische, die mantrische Signalfolge mit visuellen Zeichenfolgen, die jener Fingersprache ähneln, mit deren Hilfe sich Sporttaucher unter Wasser verständigen, oder jenen Handzeichen, die Taubstumme zum Gespräch untereinander verwenden.

Die rituellen Handzeichen, Mudras genannt[37], erfüllen ähnliche Funktionen wie die Mantras: Die einer Zeichensprache zum Gespräch mit der Anderwelt. Sie sind ebenfalls altindischer Herkunft, unterscheiden sich jedoch in mancher Hinsicht von Mantras. Zum einen ist ihr Zeichenschatz relativ begrenzt: Es gibt kaum mehr als hundert gebräuchliche Mudras. Anders als die zaubersprachlichen Mantras sind die Mudras auch überwiegend keine Dunkelzeichen. Ihr Sinn ist weitgehend klar. Dazu einige Beispiele auf Seite 74. Das Zeichen mit den abgespreizten Zeigefingern und kleinen Fingern beider Hände bedeutet „Schutzgewähr". Es folgt die Mudra der „Anrufung". Rechts unten ist die Mudra der „Abwehr" zu sehen. Sie wird beim Dolchkult oft gebraucht und ist etwa sinngleich mit dem Mantra PATH, das tibetisch wie PETH ausgesprochen wird. Nun kommt das Handzeichen der „Vereinigung". Auf Seite 79

---

[37] Die Mudra (weiblich) bedeutet so viel wie rituelles Handzeichen, Mylius (a.a.O.) übersetzt das Wort mit: Siegel, Siegelring, Verschluß, Stempel, Druck, Drucktype, (psychologischer) Typ und Mysterium.

schließlich ist das ganz klassische Dolchzeichen abgebildet, das den Strom der Energie gegen Mara, das Böse in Gang setzt: Das Rollen des Dolches zwischen den Handflächen[38].

Ich fasse wieder zusammen: Es gibt drei Haupttypen von Dolchen. Nur die mittelgroßen Phurpas, die sich mühelos zwischen den Handflächen rollen lassen, eignen sich für Austreibungszeremonien. Diese für den Exorzismus brauchbaren Dolche sind ganz oder teilweise aus Eisen gefertigt. Das Dolcheisen enthält wohl Nickelspuren. Es ist jedoch, der noch und noch wiederholten Regel zum Trotz, keine Meteoreisen. Die Eisendolche sind zugleich Instrument und Gottheit, weshalb man Phurpas nicht einfach wegwerfen kann. Die Dolchführer gehören überwiegend der Nyingmapa-Sekte an, dem Orden der Rotmützen. Sie alle sind im Tantra ausgebildet. Tantra ist – neben vielerlei – die Lehre von den zauberischen Mantras und Mudras, mit deren Hilfe sich Wirklichkeitsdimensionen, magische Schlachtfelder, verfertigen lassen, auf denen der eigentliche Kampf gegen die unglückbringenden Kräfte stattfindet.

---

[38] Die Mudra des Dolchrollens wird verschieden gedeutet: Der Dolchführer gewinne damit die Kraft aller fünf Tathagata- (oder Mandala-) Buddhas (mündliche Auskunft von N. Grupo Ronge, Königswinter). R.A. Stein schreibt dazu: „Le sadhana de Phur-pa comporte le roulement du phur-bu entre les dix doigts des deux mains dans lesquelles on imagine les divinités masculines et féminines en accouplement produisant le bodhicitta (secret)", siehe Stein, R.A.: „A propos des documents anciens relatifs au Phur-bu (Kila)", Proceedings of the Csoma des Körös Memorial Symposium, Bibliotheca Orientalis Hungarica, Band XXIII, S. 481, Budapest 1978. Nach mündlicher Auskunft von Lama Sherab Gyaltsen Amipa, Rikon, setzt die Mudra des Dolchrollens „den Energiestrom gegen Mara in Bewegung".

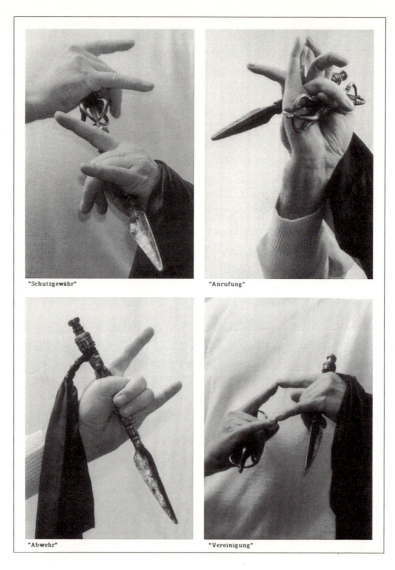

Mudras mit den Gesten „Schutzgewähr" (oben links), „Anrufung" (oben rechts), „Abwehr" (unten links) und „Vereinigung" (unten rechts).

Bis hierher präsentiert sich der Phurpa-Kult als ein respektables Stück Altweltweisheit, versehen mit der Ehrwürde einer langen Geschichte und einer reichen kraftvollen Kultur. Dazu gesellt sich auch eine recht anspruchsvolle Theorie, die dem Vorstellungsvermögen und der Flexibilität des Geistes große Leistungen abfordert. Aber dieser schöne Schein trügt: Der Dolchkult hat auch seine dunkle Seite. Er war und ist bis auf den heutigen Tag das Entsetzen aller rechtsgläubigen Buddhisten.

Die Furcht vor dem Mißbrauch

Dieses vielschichtige Problem[39] sei hier nur kurz umrissen: Wer den Dolchkult, wer die Methode des Glücklichmachens beherrscht, dem ist natürlich auch die Fähigkeit des Unglückstiftens gegeben: Der vermag den Hagelschlag auf die Felder seiner Feinde zu lenken. Der kann, nach eigenem Gutdünken oder nach Weisung eines Auftraggebers, Menschen aus der Ferne töten. Der kann ganze Landstriche mit Dämonie vergiften. Die Dolchkraft ist die schleichende Gefahr, vor der sich

---

[39] Zum einen haben die unstudierten Leute ganz einfach Angst vor der Unberechenbarkeit, namentlich der Fernwirkung der Dolchkraft. Zum anderen wirft die Dolchlehre, wie schon im Vorwort erwähnt, dogmatische Probleme auf: Werden die Dämonen (fühlende Wesen) tatsächlich „getötet" (tib. bsad) oder „befreit" (tib. sgrol) und in ein „Buddhaland" befördert? Geht man nun von der Annahme aus, es müsse eigentlich „befreien" (Befreiung von einem unguten Sein hin zu einer besseren Wiedergeburt) heißen, dann hat man sich diesen Vorgang etwa so vorzustellen: Der Dolchführer saugt den feindlichen Dämon mit seinem Phurpa auf. Dem Gott-Dolch wäre dann die Kraft eigen, den Dämon von seinem schlechten Karma zu befreien und ihn in eine bessere Wiedergeburt zu entlassen. Nach insoweit etwas unbestimmten Auskünften soll der Dolchführer den im Yantra gefangenen Dämon auch durch einen (auf Papier gezeichneten oder vorgestellten) Stupa treiben können, dessen reinigende Kraft dem besiegten Dämon zusätzlich zu einer besseren Wiedergeburt verhilft.

keiner sicher fühlen darf. Diese Furcht vor den Dolchännern, die ihre Kenntnisse mißbrauchen und statt Glück auch Unglück stiften könnten, hat sich sogar in die Liturgie des Vajrayana-Buddhismus eingeschlichen. In einer Rezitation zu Ehren der Gottheit Tara, das ist ungefähr die tibetische Jungfrau Maria, findet man zum Beispiel die folgenden Zeilen[40]:

> All diese schönen Schätze
> Die Speise, die neunfach gewürzte,
> Die zehnfach gesüßte,
> Und all diese Gefolge:
> Die dreißig (aus Teig geformten?) Figuren,
> Die Heilmittel, den Weihrauch
> Und die hell brennenden Öllampen:
> All das bringen wir Dir dar.
> Aber schütze Du uns, bewahre uns
> Wende sie ab von uns,
> Die Macht der Hexer,
> Die den Dolch zwischen den Händen rollen,
> Die den weißen Senfsamen werden,
> Die den schwarzen Zauber gegen uns schleudern
> Und ihre Kraftwaffen herabsausen lassen.

Wer dieses Bittgebet hört, mag sich fragen, wieso die Mönche Angst vor den Dolchführern haben können, wo sie, die Rotgewandeten, doch meist selbst einen Phurpa in ihrem Tempel stehen haben und vielfach auch zu gebrauchen wissen? Ist das nicht ein Widerspruch in sich selbst? Diese Frage läßt sich nur

---

[40] Zitiert nach Beyer, Stephan, a.a.O., S. 352 ff.

sehr behutsam beantworten: Viele Buddhisten, Laien und Mönche, tragen zwei Seelen in ihrer Brust, nämlich eine orthodoxe, die den Phurpa-Kult ablehnen muß[41], aber auch eine sozusagen vorbuddhistische Seele, die den Dolchkult vielleicht nicht einmal bejaht, aber der alten heidnischen Phurpa-Kraft letztlich doch Tribut zollt und sie anerkennt.

Das Vögelchen, nach dem die Hunde vergeblich schnappen

Dazu einige erklärende Worte: Keine Lebenslehre, kein Weltbild, keine Theorie ist völlig frei von Widersprüchen. Der Dolchkult im Vajrayana-Buddhismus schmerzt jedoch mehr als nur ein kleiner Widerspruch: Der Dolchkult bezeichnet einen Riß, der sich durch die Geschichte des Buddhismus zieht. Der Phurpa-Kult ist der wunde Punkt, der Wurm der nicht stirbt. Der Dolchkult, so heißt es in einem der diesem Buch beigefügten Sakraltexte, ist „das Vögelchen, nach dem die Hunde ver-

---

[41] Seit der Begegnung des Buddhismus mit dem Tantra-Kult ist offenbar die Frage diskutiert worden, ob gewisse tantrische Praktiken wie der Ritualmord sgrol-ba (aber auch der rituelle Koitus sbyor-ba) mit der buddhistischen Lehre verträglich seien. Der buddhistische Lehrmeister Dipamkarasrijnana (Atisa) ist im Jahr 1042 nach Christus zur Klärung dieses Fragenkomplexes von Bengalen (Indien) nach Tibet gerufen worden. Im Einzelnen ging es hier um das Problem, ob die rituelle Ermordung eines vom Bösen besessenen Menschen als ein Akt des „besonderen Mitleids" (special compassion) ausgelegt werden und somit erlaubt sein könne, oder aber stets eine Todsünde (parajika) bleibe. Anlaß dieser Diskussion war zum einen die rituelle Ermordung des angeblich nicht-buddhistischen (Buddhismus-feindlichen) Königs Glandarma durch einen buddhistischen Gläubigen namens lHa lung dPal gyi rdo rje. Zum andern war die tantrisch gefärbte Lehre vom erlaubten Ritualmord aus besonderem Mitleid zu Atisas Zeit in Tibet offenbar weit, vielleicht zu weit, verbreitet, namentlich auch als Rechtfertigungsideologie buddhistischer Räuberbanden. Sie wird, nicht zuletzt im Rahmen des Dolchkults, auch heute noch hier und da vertreten. Näheres findet man bei Ruegg, D.S.: „Deux problèmes d'exégèse et de pratique tantrique selon Dipamkarasrijnana et le Paindapatika de Yavadvipa/Suvarnadvipa" in „Taoist and Tantric Studies in Honor of R.A. Stein", S. 212 ff., Brüssel 1981.

geblich schnappen". Und wo verläuft dieser Riß? Klöster und Mönche sind bekanntlich in großem Umfang auf die Spenden und Abgaben der Gläubigen angewiesen, auf die Kupfermünzen und Geschenke der Hirten und Bauern. Diese eher schlichten Leute konnten und können jedoch mit der reinen buddhistischen Lehre nie recht etwas anfangen. Zum einen war ihnen, den „Gabenherren", die Reden Gautama Buddhas kaum bekannt: Die Lehre des achtfachen Pfades wurde dem Volk gar nicht gepredigt. Die im Christentum so ausgeprägte Kanzelfunktion des Klerus sucht man im traditionellen Vajrayana-Buddhismus vergeblich.

Die Haushalter und Gabenherren lebten jedoch auch deshalb weiter in ihrem überkommenen Dolch- und Dämonenglauben, weil der reine Buddhismus – das gilt wohl für alle Hochreligionen – unstudierten Zeitgenossen so arg viel nicht bietet: Eine feingesponnene Ethik, die das Heil auf ein Leben nach dem Tod vertagt, die Entsagung, ja, eine schmerzhafte Persönlichkeitsveränderung verlangt, und den Menschen eben das zu verbieten sucht, was sie gern haben: Sex und einen Schluck aus der Arak-Flasche. Dagegen steht nun die uralte sinnenhafte Magie mit ihrer Kraft und Pracht, die insoweit nichts verbietet, sondern gar feine, tantrisch-ritualisierte Formen der Lust und des Rausches empfiehlt. Da ist der Dolchkult, der das Glück jetzt und hier verspricht, und nicht erst für irgendwann nach einer Reihe angeblicher, jedenfalls aber schwer überschaubarer

*Dolchführer beim Ingangsetzen des Energiestroms gegen das Böse:
Rollen des Dolches zwischen den Handflächen.*

Wiedergeburten. Ist denn unser Verbleiben nach dem Tod überhaupt so wichtig?

So ist über die Jahrhunderte hinweg das entstanden, was man heute einen Sachzwang nennen würde. Der buddhistische Klerus, abhängig von den Steuern und Spenden der Laien mußte sich anpassen, dem Druck der Dolchgläubigen nachgeben und wesentliche dogmatische Bastionen räumen. Ein Beispiel mag hier genügen: Nach der Lehre Buddhas zählt das töten, die „Lebensberaubung", zu den sehr schweren Sünden, die den Menschen auf seinem Weg hin zum Nirwana weit zurückwerfen. Das ist die eine Seite. Auf der anderen Seite läßt sich jedoch nicht verheimlichen, daß die Tötung eines Dämons den Höhepunkt des traditionellen Phurpa-Kultes darstellt, so wie er auch in den diesem Buch beigefügten Sakraltexten geschildert wird. Nun zählen jedoch auch die Dämonen zu den fühlenden Wesen, die man nicht töten darf. Damit wird der Widerspruch deutlich: Ein guter Buddhist kann den Dolchkult nicht billigen, wenn er dem Buchstaben der Lehre treu bleiben will.

Aber auch mit dem Geist des Buddhismus will der Dolchkult nicht so recht harmonieren: In den alten Ritualtexten finden sich zum Beispiel Anweisungen, wie der Dolchführer nicht nur den Körper, sondern auch die Seele des feindlichen Dämons umzubringen habe, was bedeutet: Dem besiegten Dämon ist nicht nur das Leben, sondern auch die Chance einer Wiedergeburt genommen. Er wird aus dem Kreis des Sterbens und Geborenwerdens hoffnungslos ausgeschlossen. Da kann man auch lesen, der Dolchmann möge sich „mit der Gier eines Wolfes" auf die Lebenskraft der Dämonen stürzen, sie verschlingen oder aufsaugen, um mit ihr das eigene Leben zu verlängern. „Du träumst", so liest man, „vom Töten fühlender Wesen, von Wahnsinn, von scharfen Äxten und stürzenden Bäumen; Du träumst vom Töten der Ging-Dämoninnen. Du kochst sie. Du nährst Dich von ihrer Substanz". Dürfen gläubige Buddhisten solchen Weisungen folgen[42]? Die Front ist mithin in der Theorie deutlich abgesteckt: Jedermann kann sich für oder gegen den Dolchkult entscheiden. Damit sollte die Situation geklärt sein. Aber das ist eben nur die Theorie. In der Praxis weiß keiner, wer da den Phurpa im Gürtel versteckt hält. Wer sieht schon, was nachts auf den Leichenäckern geschieht? Man ahnt dies und flüstert jenes darüber, wer den schwarzgiftigen Dolchkult der linken Hand betreibt: Weshalb da wohl eine Frau im Kindbett gestorben sein mag? Oder wieso das Vieh eines Nachbardorfes an der Maul- und Klauenseuche verendet ist? Stecken die Dolchmänner dahinter?

---

[42] Anläßlich einer mündlichen Belehrung durch den Ehrwürdigen Khenpo Rinpoche Yeshe Chödar (Menton, Frankreich) in Huy-Tihange (Belgien) wurde dem Verfasser mitgeteilt, daß die Begriffe „töten" (so kill) und „befreien" (to liberate) nicht als widersprüchlich aufzufassen seien. Vorausgesetzt, der Dolchführer zelebriert das Phurpa-Ritual auf authentische Weise, wird der Dämon (hier inbegriffen auch der Lebensgeist eines Menschen) zugleich, d.h. in demselben Augenblick, getötet und befreit. Physischer Tod und spirituelle Befreiung müssen als Einheit verstanden werden. Folgt der Dolchmeister jedoch falschen, nicht-authentischen Belehrungslinien, mag es geschehen, daß der Dämon (auch: der zu tötende Mensch) eben nur tot, nicht aber befreit ist, und somit aus Unwissen und Nachlässigkeit ermordet wurde.

ཐོག་འགྲུབ་ཆོས་རིག་འཛིན་སྐྱོང་།

COUNCIL FOR RELIGIOUS AND CULTURAL AFFAIRS OF H. H. THE DALAI LAMA

Telephone : 685

Gangchen Kyishong,
Dharamsala-176215
Distt. Kangra
Himachal Pradesh.

1. März 1986

Sehr geehrter Herr Marcotty,

vielen Dank für Ihren Brief vom 8. Februar. Bitte entschuldigen Sie mein Unvermögen, Ihnen früher zu antworten. Ich hatte Verpflichtungen ausserhalb von Dharamsala.

In Ihrem an das Privatsekretariat Seiner Heiligkeit gerichteten Brief vom 12. Oktober 1985 haben Sie zwei Fragen betreffend den Phurpa-Kult gestellt. Dazu möchte ich wie folgt antworten:

1. Phurpa ist eine Nyingmapa-Gottheit, deren Verehrung mit der buddhistischen Lehre übereinstimmt. Ihre Veröffentlichung (über den Phurpa-Kult) kann somit dem Ansehen des Buddhismus nicht schaden.

2. Im Rahmen der tantrischen Ritualpraxis zerstört der Tantra-Anhänger feindliche Dämonen. Sie sollen anderen kein Unheil mehr zufügen und auf sich selbst keine weiteren Sünden laden können. Somit verletzt der Dolchkult keinen buddhistischen Lehrsatz.

Ich hoffe, diese Mitteilung wird Ihnen nützlich sein. Sollten Sie noch weitere spezielle Fragen zu diesem Thema haben, lassen Sie es uns bitte wissen.

Mit besten Wünschen

Kalsang Yeshi
Generalsekretär
Konzil für religiöse und kulturelle Angelegenheiten

KY/tc

Der Dolchkult hat auch deshalb das Klima vergiftet, weil letztlich alle mitgemacht haben: Die Bön-Leute, das sind die auch heute noch aktiven Anhänger der vorbuddhistischen und animistischen Kultformen. Die Rotmützen sowieso. Und selbst die Gelugpa, die reformierten Gelbmützen rollen heimlich den Dolch zwischen den Handflächen. Aber auch den Laien, den Einsiedlern und umherziehenden Bettlern ist nicht zu trauen: Wer weiß, ob nicht auch sie den Dolch anbeten und den weißen Senfsamen werfen? Der Meinungsstreit um den Dolchkult trennt nicht Gruppen oder Sekten voneinander. Der Riß verläuft vielmehr zwischen den schwarzen und der weißen Herzenshälfte eines jeden Betroffenen.

Friedliches Miteinander?

Dieser Riß ist auch über die Jahrhunderte hinweg nie gekittet worden. Allerdings haben die Vertreter der buddhistischen Orthodoxie, die Kirchenfürsten in Lhasa, und die Vertreter des Dolchkults offenbar gelernt, besser miteinander auszukommen. Ja, es müssen sogar Verhandlungen stattgefunden haben mit dem Ziel, Mißbräuche des Phurpa zu verhindern und eine friedliche Koexistenz der Anhänger und der Gegner des Dolchkults einzuleiten. Die Dolchmänner sind mindestens heute bereit, sich zu einer freiwilligen Selbstkontrolle zu bekennen. Deren Hauptgebote[43] lauten:

- Phurpa-Rituale dürfen nicht ohne eine Anrufung des Buddha und der Kirchenväter beginnen und enden. Das war, will man den frühen Texten glauben, nicht immer ganz selbstverständlich.
- Der Dolchführer darf den Phurpa niemals zum eigenen Vorteil gebrauchen, zum Beispiel: Um sich persönlich zu bereichern, oder, um sich andere Menschen dienstbar zu machen.
- Gebraucht der Dolchmann den Phurpa dennoch zum eigenen Vorteil, muß er dafür zehn gute und ehrenwerte Gründe nennen können.
- Er darf den Phurpa immer verwenden, wenn es darum geht, anderen Menschen zu helfen, oder, um Tibet und den tibetischen Buddhismus gegen etwaige Feinde zu verteidigen.
- Dolchführer dürfen mit ihrer Waffe nicht unnötigen Schaden anrichten. Sie sollen zum Beispiel einen Ort nicht „vollständig" mit ihrer Dolchkraft verwüsten.
- Während eines Phurpa-Rituals muß sich der Dolchführer in einem Zustand der vollkommenen Herzensstille befinden, das heißt: Er sollte ganz frei sein von Gefühlen wie Haß oder Mordlust.

---

[43] Bei diesen Vorschriften handelt es sich um eine Zusammenfassung des Verfassers, die sich auf nicht exakt zuschreibbare mündliche Auskünfte, aber auch auf Huntington a.a.O., S. 4, stützt.

Die Gegner des Dolchkults, hier vor allem die Angehörigen des Gelbmützen-Ordens, sind ihrerseits den Dolchanbetern einige Schritte entgegen gekommen. Seit einem historisch nicht bestimmbaren Zeitpunkt fand (bis zur chinesischen Besetzung) in Lhasa alljährlich eine festliche Prozession vom Sera-Kloster zum Potala statt, dem Sitz des Dalai Lama. Der Papst der Gelben Kirche segnete dann durch Berühren einen sonst im Sera-Kloster verwahrten Phurpa. Dieser Dolch, so will es die Legende, soll in alter Zeit von Indien kommend über den Himalaya geflogen und nah dem Kloster-Areal herabgefallen sein[44]. Dieser Phurpa, er wird als groß (Länge eines Unterarmes) und „leicht" beschrieben, soll die Kulturrevolution überstanden haben und, wie man hört, noch heute im Sera-Kloster aufbewahrt werden.

Und wie sieht es heute aus? Alle Beteiligten bemühen sich, den alten Gegensatz zumindest optisch zu verringern. Fragt man die Rinpoches, die Würdenträger des Vajrayana-Buddhismus, wie sich der Dolchkult mit der Lehre Gautama Buddhas vereinbaren lasse, bekommt man verschiedene Antworten: Die einen sagen, Gautama selbst habe den Dolchkult, „Das Rad der scharfen Waffen", gelehrt, die Texte jedoch versteckt, bis die

---

[44] Diese jährliche Dolchprozession ist u.a. erwähnt bei Ferrari, Alfonsa: „Mk'yen Brtse's Guide to the Holy Places of Central Tibet", S. 100, Rom 1958. Hier heißt es: „This magic dagger (p'ur bu) is the object of great veneration in Tibet. People are allowed to touch it only once a year, after the Dalai Lama, to whom it is brought in procession during the feast of smon lam. Touching the p'ur bu protects against evil spirits. This tradition relates that this wonderful dagger arrived flying from India and fell upon a hill near Sera (monastery)".

Menschheit für die Phurpa-Lehre reif sein werde. Von einem Widerspruch könne man schon deshalb nicht sprechen. Andere antworten, die alten Sakraltexte seien nicht wörtlich zu nehmen, sondern, wie so vieles im Tantra, symbolisch zu verstehen. Namentlich könne man, so wird eingewandt, nicht von einer Tötung er unglückbringenden Dämonen sprechen. Vielmehr befreie doch der Dolchführer sie, die Ungeister, aus ihrem niederen Sein und verhelfe ihnen zu einer höherwertigen Existenz in einem Buddha-Land[45].

Aber auch heute bleibt da noch ein Rest: Das Mißtrauen, die Angst vor der Macht der Hexer, die den Senfsamen werfen und ihre Kraftwaffen herabsausen lassen. Die jetzt in Dharamsala nördlich der indischen Hauptstadt Delhi residierende tibetische Exilregierung hält sich zurück. Sie hat einerseits ihren in Europa und den USA missionierenden Mönchen angeraten, den Dolchkult und auch andere tantrische Praktiken möglichst nicht in den Vordergrund der Belehrungen zu rücken. Andererseits hat sich der jetzt regierende 14. Dalai Lama bisher nie vom Phurpa-Kult distanziert. Zu seinem Gefolge zählt sogar ein regelrechter Dolchführer und Hagelmeister[46], der bei großen Veranstaltungen im Freien für schönes Wetter zu sorgen hat.

---

[45] Mit dem Hinweis auf das „Buddha-Land" wird angedeutet, daß der Dämon danach außerhalb des Kreises von Tod und Wiedergeburt fortexistiert.

[46] Der Hagelmeister Seiner Heiligkeit, des 14. Dalai Lama, ist in Lehmann, Peter-Hannes: „Tibet", Hamburg 1981, S. 226 f. beschrieben und mit Dolch abgebildet. Lehmann schreibt, anläßlich einer großen Kalachakra-Einweihung habe der Dalai Lama seinen Wettermacher mit

Alltägliche Formen des Dolchgebrauchs

Bevor ich auf den eigentlichen Exorzismus zu sprechen komme, sei erwähnt, daß die Dolchkundigen ihre Phurpas nicht ausschließlich bei feierlichen Kulthandlungen verwenden. Dolche sind vielmehr auch Teil des täglichen Lebens, hervorgeholt und ausgepackt zu den verschiedensten Anlässen. Einmal für die gegenständliche Meditation, auf die ich noch ausführlich eingehe. Dann zum Tanzen[47] – namentlich während der im Himalaya-Gebiet zu beliebten Mysterienspiele, die dem Betrachter meist den Sieg des Buddhismus über die alten Hexer und Animisten vor Augen führen sollen. In der Vergangenheit diente der Phurpa zudem als Waffe zur Abwehr des wilden Yak[48]. Auch brauchte man Phurpas zum Sprunglaufen: Darunter hat man sich ein Hüpfen in weiten Sprüngen auf unwegsamem Gelände vorzustellen. Dies zu dem Zweck, lange Wanderungen zeitlich abzukürzen. Der Sprungläufer, so wird berichtet[49], hält dabei den Phurpa am oberen Ende mit den Fingern

---

nach Ladakh gebracht. Dessen Aufgabe war es, die vielen Teilnehmer der Freiluft-Veranstaltung vor Sturm und Regen zu schützen, dies mit Hilfe des Phurpa und der Knochentrompete.

[47] Bei getanzten Mysterienspielen halten jene Mönche, welche die Verteidiger der buddhistischen Lehre darstellen, gelegentlich Phurpas in den Händen. Sie zertrampeln die Feinde der Buddha-Lehre (Dämonen) oder erstechen ein Abbild (linga) aus Teig. Siehe Evans-Wentz, W.Y.: „Yoga und die Geheimlehren Tibets", München-Planegg 1937, S. 201 ff., und Cantwell, Cathy: „A Tibetan Buddhist Ritual in a Refugee Monastery", The Tibet Journal, Dharamsala, Autumn 1985, S. 14 ff.

[48] Erwähnt bei Hermanns, Matthias: „Das Nationalepos der Tibeter Gling König Gesar", Regensburg 1965.

[49] Eine Beschreibung des Phurpa-Gebrauchs beim Sprunglaufen findet sich bei David-Néel, Alexandra: „Heilige und Hexer", Wiesbaden 1981, S. 169.

der rechten Hand fest. Die Klinge zeigt senkrecht nach unten. Der Adept versetzt sich in einen der Trance ähnlichen Geisteszustand und schnellt in weiten Sprüngen voran. Dabei hält der Dolch die Erdgeister in Schach und sorgt dafür, daß der Sprungläufer auch über längere Strecken hinweg stets sicher auftritt und nicht etwa stolpert oder stürzt.

Zu diesem heute wohl seltenen oder gar ausgestorbenen Verwendungszwecken – Yak-Bannung und Sprunglaufen – gesellt sich das auch jetzt noch praktizierte Wettermachen, hauptsächlich zu verstehen als Abwehr von Hagelstürmen, die in einem klimatisch heiklen Gebiet wie dem Himalaya besonders gefürchtet sind. Sache des Hagelmeisters ist es, gefährdete Landstriche mit hölzernen Wächterdolchen zu umstecken (gegenüber den Hageldämonen kenntlich zu machen) und sie mit dem Dolch abzuwehren, falls sie dennoch angreifen sollten[50]. Bezahlt werden die Wettermacher im Wege einer Hagelsteuer, die sie bei den Bauern ihres Distrikts fordern und auch ohne langes Betteln einsammeln können. Denn wer die Hagelsteuer nicht bezahlt, der muß mit der Rache des Dolchführers rechnen: Einer verhagelten Ernte.

Der Dolchkult kennt zudem eine Reihe von Reinigungsriten, die regelrechten Austreibungen schon recht nah kommen. Hier ein Beispiel: Zu den Pflichten des Dolchführers zählt es, ma-

---

[50] Siehe Kawaguchi, Ekai: „Three Years in Tibet", Madras/Benares 1909, Reprint New Delhi 1979, S. 275.

gisch unsaubere, durch Dämonen verseuchte Plätze oder Gebäude spirituell zu reinigen, damit dort ein Fest, etwa eine Hochzeit oder sonst eine kultische Handlung, ungestört durch Geister stattfinden möge. Die Annahme geht nun dahin, daß der Dolch spirituelle Verunreinigungen und versteckte Ungeister in sich aufsaugt und unschädlich macht. Ein zweites Beispiel: Das Entgiften von Speisen, inbegriffen Opferspeisen und Medizinen, spielt unter Menschen mit spiritualistischen Hygienevorstellungen eine gewichtige Rolle: Der Dolchführer rührt dabei mit seinem Phurpa in der Speise. Handelt es sich um Schüttgut wie Mehl oder Getreide, läßt er es über die Klinge seines Dolches laufen[51].

Mißbräuche: Zechprellerei als Bespiele

Zu diesen ehrbaren Formen des Phurpa-Gebrauchs kommen noch jene derb-mißbräuchlichen Dolch-Zaubereien, vor denen sich die Menschen wenigstens in der Vergangenheit oft gefürchtet haben. Auch dazu ein Beispiel: Eine Lebensgeschichte des Padmasambhava, der den Dolchkult vervollkommnet hat, berichtet die folgende Begebenheit: Padma kehrt in einem Gasthaus ein und fragt die Wirtin, ob sie wohl genügend Wein vorrätig halte? Er fängt an zu trinken und versichert der Frau, er werde bezahlen, sobald die Sonne untergehe. Er trinkt und trinkt. Heimlich stößt er jedoch seinen Dolch auf der Grenzlinie

---

[51] Berichtet u.a. bei Lewiston, David: „Tibetan Buddhism – Shedur: A Ghost Exorcism Ritual, Plattenhülle, Explorer Series, H-7208, New York 1978.

Hölzerner Wächterdolch zum Umstecken bedrohter Gebiete

Dolchkopf mit fünffacher Buddha-Krone

zwischen Sonnenlicht und Schatten in den Boden: Die Sonne steht nun fest am Himmel und kann nicht untergehen. Padma trinkt und trinkt Tage lang weiter. Nun beschweren sich die Bauern beim König: Ihre Ernte verdorre, weil da ein Ausländer (Padmasambhava war Inder) im Gasthaus sitze und den Lauf der Sonne mit seinem Phurpa angehalten habe. Um der Sache ein Ende zu machen, bietet der König dem Padma schließlich an, er werde dessen Zeche aus dem Kronschatz begleichen, wenn er, der Dolchmann, nur seinen Phurpa aus der Erde ziehen und die Sonne weiter wandern lassen würde. So geschieht es: Padma bricht auf, ohne bezahlt zu haben[52].

Die drei Phasen des Rituals

Die eigentlichen, die „zornvollen" Austreibungen haben mit solchen Lagerfeuer-Legenden nicht viel gemein. Sie vollziehen sich überwiegend nach Regeln, die für praktisch alle hoch entwickelten Rituale gelten: Sie bestehen aus drei Phasen: Der Werdung, der Krise, hier zu verstehen als Höhepunkt, und, drittens, der Entwerdung:

- Die Werdung ist als Vorbereitung zu verstehen. Der Phurpa-Meister ruft Segen und Hilfe der Buddhas und der Gurus herbei. Die Buddhas sind alle jene, die in den vergangenen (und zukünftigen) Weltzeitaltern vollkommene Erleuchtung erlangt haben – nicht nur Gautama Buddha. Mit den Gurus sind jene Weisen

---

[52] Erzählt nach Evans-Wentz, W.Y.: „Der geheime Pfad...", a.a.O.

gemeint, die durch Übertragung „von Seele zu Seele", durch „Mund-zu-Ohr-Flüstern" oder durch ihre als Manuskripte niedergeschriebenen, dann versteckten und später wieder aufgefundenen Lehren die Altweltweisheit bis in unsere Gegenwart überliefert haben. Der Dolchführer, auch das gehört zur Phase der Werdung, bietet den hilfreichen Gottheiten ein Opfer an.

∽ Der Beginn der zweiten Phase, die der Krise, ist in den Texten des Dolchkults gelegentlich mit den Worten „Werde Du nun Phurpa" bezeichnet. Das heißt, der Dolchführer legt nun seine Alltagspersönlichkeit ab und wird eins mit dem Phurpa. Damit gewinnt er die Kraft, mit den widrigen Dämonen zu kämpfen. Diese Einswerdung, ein ins letzte nicht erklärbarer Vorgang, wird durch die Rezitation des „dolchscharfen", des Kilaya-Mantras eingeleitet oder psychomotorisch gezündet. Der schließlich erreichte Zustand der Zweiheitslosigkeit ist jedoch keine Trance im Sinn eines Bewußtheitsverlustes. Vielmehr könnte man von einer Tiefkonzentration sprechen.

So viel zum Grundmuster des Rituals[53]. Aus der Sicht des Betrachters gliedert sich eine Austreibungs-Zeremonie jedoch in

---

[53] Man findet gelegentlich Hinweise, daß Phurpa-Rituale – innerhalb dieses Grundmusters – unterschiedlich ausgeführt worden sind. So ist zum Beispiel in einem tibetischen Reiseführer aus dem 19. Jahrhundert ausdrücklich erwähnt, wo der Dolchkult nach der Methode von Orgyen Rinpoche beheimatet ist. Daraus könnte man schließen, daß mindestens in der Entstehungszeit dieses Reiseführers auch andersartige Kulte verbreitet waren. Die Textstelle lautet: „Coming from a valley between Ban Pa and mKar c'u, after having crossed a snowy pass, at the head of the Mon Kh'ru valley, there is a remarkable place called Ne rin sen ge rdsom gsum in Mon K'a, where the ceremony of the p'ur pa according to the method of Orgyen Rinpo'ce is performed" (Ferrari, Alfonsa, a.a.O., S. 56).

zwei Hauptteile: Die Vorbereitung und das eigentliche Ritual, wobei der Akzent deutlich auf der Vorbereitung liegt: Der Dolchführer muß ein geeignetes soziales Umfeld schaffen. Er muß seine Gerätschaften zusammentragen, einen geeigneten Ort aussuchen, einen glückbringenden Zeitpunkt bestimmen, für die Musik sorgen, die Zutaten herbeischaffen, die Abbilder herstellen und jenes „Gefängnis", das Yantra, herrichten, in dem der Ungeist gefangen gesetzt werden soll: Die Vorbereitungen kosten viel Zeit.

Um mit dem sozialen Umfeld zu beginnen: Der Dolchführer kann sein Ritual natürlich allein vollziehen, und man hat den Eindruck, daß solche einsamen Austreibungen nicht einmal selten stattfinden. Wann immer aber eine Zeremonie für einen Auftraggeber stattfindet, etwa zur Heilung eines Menschen, so hat man sich den Dolchmann in Gesellschaft vorzustellen: Einmal sind da die Betroffenen: Der Kranke und seine Angehörigen. Dazu kommen noch Helfer, die für die Musik zu sorgen haben[54], also die große Stieltrommel während der Rezitationen schlagen, und für das leibliche wohl der Teilnehmer zuständig sind: Sie stellen jenen einer salzigen Suppe ähnlichen tibetischen Tee bereit, damit alle Beteiligten bei Kräften bleiben. Ja, es scheint, die bloße Anwesenheit wohl gesonnener

---

[54] Musik ist beim Phurpa-Kult nicht Bedingung. Wird das Ritual aber von Musik begleitet, verwendet man hauptsächlich die große Stieltrommel, die kleine Schütteltrommel, große Messingbecken, Knochentrompete und Handglocke. Phurpa-Musik ist von Jest und Lewiston (siehe Quellen-Verzeichnis) auf Schallplatten aufgenommen worden.

und verständiger Freunde befördere das Entstehen des rituellen Kunstwerkes ganz wesentlich.

❦

Orte und Zeiten des Phurpa-Kults

Nun zur Frage der glückverheißenden Orte und Zeiten: Wann sollten Dolchzeremonien am besten stattfinden? Maßgebend hierfür ist an erster Stelle das Horoskop, die Befragung der Gestirne. Auch gewinnt man den Eindruck, als fänden Phurpa-Rituale, wie so viele psychisch kritische Geschehnisse, am besten in den Dämmerungsphasen – gegen Morgen, gegen Abend – statt, jedenfalls zu Zeiten, in welchen der Ablauf nicht durch Zufälligkeiten wie Passanten und Touristen gestört werden kann: Dem Dolchkult ist der Hauch des Geheimen eigen. Zuschauer sind meist unerwünscht.

Der Ort ergibt sich oft aus dem Zweck des Rituals. Gilt es zum Beispiel, einen Kranken zu heilen oder eine bestimmte Örtlichkeit, ein Haus, von einem dort wohnenden Dämon zu befreien, wird das Ritual wahrscheinlich auch dort stattfinden. Räumliche Nähe ist jedoch nicht Bedingung. Vielmehr schreibt man dem Phurpa – er wird oft mit Flügeln dargestellt – eine Fernwirkung zu. Distanzen sind kein Hindernis und auch Berge stehen der Wirkung nicht im Weg: Als die britischen Truppen im Jahr 1904 von Indien aus in Tibet einmarschierten und im Chumbi-

Tal an der Grenze standen, fand in Lhasa, der tibetischen Hauptstadt, eine große, fünf Tage währende Austreibungszeremonie statt, die, nach tibetischer Vorstellung, über rund 250 Kilometer Luftlinie und über hohe Gebirgsketten hinweg zu wirken hatte.

Unabhängig von der Nähe oder Ferne gibt es jedoch besonders geeignete Orte der Kraft, die der Dolchmann aufsuchen sollte. Da sind zunächst die Totenäcker. Einen weiteren für Dolchrituale geeigneten Platz findet man in den Tempeln, sofern sie nach der Vorschrift erbaut sind: Vajrayana-Tempel stehen auf rechteckigen Grundrissen. Eine Schmalseite des Rechtecks – regelmäßig findet man dort auch den Eingang – ist nach Osten gewendet. Die beiden Längsseiten weisen nach Norden und Süden. Geht man nun durch den Eingang in den Tempel hinein, nähert sich etwa halben Weges dem Altar, dreht sich um einen Viertelkreis nach links und geht auf die Südwand zu, dann trifft der Tempelbesucher auf einen durch nichts kenntlich gemachten krautträchtigen Ort, der sich für Rituale eignen kann. Betont sei: Kann. Denn letztlich bleibt es Sache des Dolchpriesters, mit Hilfe seiner verfeinerten Sinne den der Aufgabe angemessenen Platz zu erfühlen[55].

---

[55] Mündliche Auskunft von Lama Sherab Gyaltesen Amipa, Rikon.

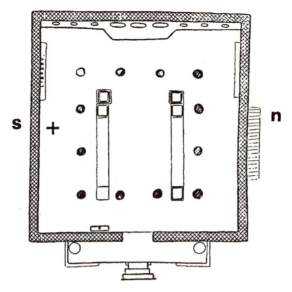

Grundriß eines Vajrayana-Tempels (nach L. A. Waddell)

Nun zur Dramaturgie des Rituals: Die meisten zauberischen Zeremonien, der Phurpa-Kult inbegriffen, fußen auf einem weitgehend gleichbleibenden Muster, auf der Idee, der Magier-Künstler könne in der großen, der makrokosmischen Welt nach Wunsch Ereignisse eintreten lassen, wenn er nur das jeweils gewünschte Geschehnis beispielhaft in mikrokosmischer Form darstelle oder aufführe. Dieses Prinzip – das Herbeischwören makrokosmischer Ereignisse durch deren Darstellung im Kleinen – ist auch bei uns nicht unbekannt: Bildergalerien und Theater atmen etwas von der Kraft dessen, was man in der Ethnologie „Analogie-Zauber" nennt: Auf der Leinwand, auf der Bühne und in neuerer Zeit auf dem Bildschirm wird etwas hergestellt, das – sofern das Werk den Regeln der Kunst entspricht – vielleicht nicht sogleich geschieht (es sei denn in den Herzen der Betrachter), aber als Folge der Aufführung einen höheren Realitätsgrad und damit eine verbesserte Prognose im Sinn der Wahrscheinlichkeit des Eintreffens gewinnt. So besehen, ist Kunst auch heute noch ein Magie-Problem. Ihre Qualität bemißt sich nach ihrer beschwörenden Kraft. Umgekehrt ist Magie weitgehend eine Frage des künstlerischen Vermögens: Gelingt es dem Magier, sein Anliegen mikrokosmisch so kunstreich darzustellen, daß es makrokosmisch wirklich geschieht?

Wirklichkeitsebenen

Mit anderen Worten: Ein Phurpa-Ritual findet, ähnlich einem Schauspiel, auf verschiedenen Wirklichkeitsebenen zugleich statt. Ein Beispiel: Die Handbücher des Phurpa-Kults schreiben gelegentlich vor, der Dolchführer möge den Platz der Zeremonie mit Blut besprengen oder gar mit dem „Menstrualblut einer dunkelhäutigen Brahmanin"[56]. Das kann bedeuten, daß der Dolchmann wirkliches Blut versprengt. Wahrscheinlicher dünkt es jedoch woher soll man in den tibetischen Bergwüsten das Blut einer Brahmanin nehmen? – daß er sich mit rot gefärbtem Wasser behilft, so wie ja auch das auf der Bühne vergossene Blut nicht aus den Adern der Schauspieler fließt. Schließlich steht dem Dolchführer noch eine dritte Darstellungsform zur

---

[56] Siehe Nebesky-Wojkowitz, René de: „Oracles and Demons of Tibet", den Haag 1956, Reprint Graz 1975, S. 482.

*Symbolisches Selbstopfer:
Gestus der Selbsterstechung*

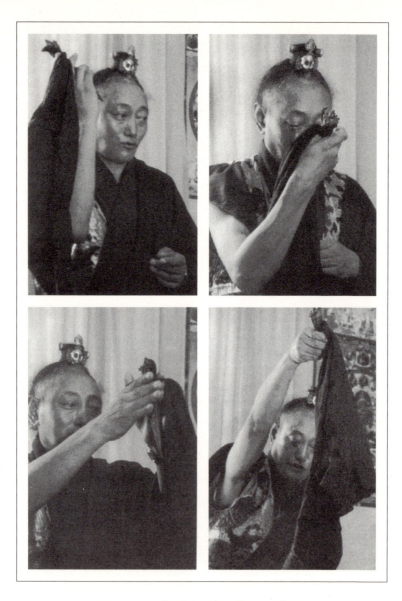

Ritualverlauf: Phase der Entwerdung

Verfügung: Er „ideiert" das Blut, dem schon beschriebenen Prinzip folgend, demnach die Wirklichkeit nicht das Wahrnehmbare, sondern das Vorstellbare ist.

Dieses Agieren auf verschiedenen Wirklichkeitsebenen wird auch anschaulich an den Zutaten, die sich der Dolchführer vor dem Beginn des Rituals besorgen muß: Die Körner des weißen Senfsamens – man wirft sie zum Verjagen störender Dämonen – lassen sich im Himalayagebiet leicht beschaffen, notfalls aus Indien importieren[57]. Sie sind somit beim Dolchritual wirklich, wahrnehmbar und gegenwärtig. Ähnliches gilt für wilde Zwiebeln, Kümmelsamen oder Beeren vom Berberitzen-Strauch, die, wenn geworfen, ebenfalls die Luft von unerbetenen dämonischen Zuschauern rein halten sollen. Ich zweifle aber, ob sich – wie in den alten Anleitungen befohlen – Tinten aus dem „Hirnblut eines an Schwachsinn gestorbenen Mannes"[58] bereiten lassen. Solche Tinten, sie sind wohl im Bereich des Vorstellbaren anzusiedeln, braucht man zur Herstellung der Abbil-

---

[57] Die Prominenz des Senfsamens ist vermutlich auf den Umstand zurückzuführen, daß Senfkörner relativ klein sind, gleichwohl aber große Pflanzen aus ihnen hervorgehen. Dieses Verhältnis von kleiner Ursache und großer Wirkung ist nicht weniger als vier Mal im Neuen Testament erwähnt (Matthäus 13.31 und 17.20, Markus 4.31, Lukas 13.19). Bei Matthäus 13.31 heißt es: „Ein anderes Gleichnis legte er (Jesus) ihnen vor und sprach: Das Himmelreich ist gleich einem Senfkorn, das ein Mensch nahm und säte es auf einen Acker, welches ist der kleinste unter allen Samen; wenn er aber erwächst, so ist er der Größte unter dem Kohl (den Kohlsorten) und wird ein Bau, daß die Vögel des Himmels kommen und wohnen unter seinen Zweigen". Bei Matthäus 17.20 heißt es: „Denn wahrlich ich sage Euch: So ihr Glauben habt wie ein Senfkorn, so mögt ihr sagen zu diesem Berge: Hebe dich von hinnen, dorthin! So wird er sich erheben; und Euch wird nichts unmöglich sein".

[58] Siehe Nebesky-Wojkowitz a.a.O., S. 483.

der, auf die ich gleich zu sprechen komme. Sichtbar vorhanden sind stets die kultischen Gerätschaften. Dazu gehört zumindest eine mit Pfauenfedern geschmückte Wasserkanne, ein Opfergefäß – gewöhnlich eine in Silber gefaßte menschliche Schädelschale – und nicht zuletzt der eiserne Dolch.

Nun zur Bühne des Geschehens: Der Dolchführer verfügt natürlich nicht über die abendländischen Bretter, die die Welt bedeuten. Vielmehr spielt sich seine Tragödie in einem sogenannten „Yantra" ab. Das ist zunächst und zuerst ein gleichseitiges Dreieck aus Eisen, das zugleich als Falle oder „Gefängnis" dient. In der Dolchpraxis erscheint dieses Dreieck in unterschiedlich ausgeprägten Wirklichkeitsgraden. Auf dem Bild sehen Sie das Dreieck in der Gestalt einer Deckeldose. Dieses Dreieck – nächste Stufe der Realität – kann man jedoch auch mit kleinen Wächterdolchen auf dem Boden abstecken und mit pulverfarben aus gemahlenem Ton auf die Erde streuen. Schließlich ist der Dolch-Mantriker – nächste Stufe – befähigt, sich das Yantra ganz einfach „im Kopf zu machen".

Das Linga-Geheimnis

Bevor das Phurpa-Stück beginnen kann, braucht man jedoch noch einen Schauspieler: Normalerweise ein harmloses menschliches Wesen, das berufsmäßig mal den König, mal den Bettelmann, mal den weisen Großvater und mal den jugendlichen Liebhaber spielt. Diese Funktion des Darstellers übernimmt im Phurpa-Kult ein „linga", was so viel wie „Abbild" oder auch „Symbol" bedeutet[59]. Dieses Abbild kann recht verschieden aussehen. Es mag sich dabei um einen nicht sehr menschenähnlichen etwa zwei Handbreiten hohen Kegel aus getrocknetem und dann bemaltem Teig handeln[60]. Das wäre jedoch die Ausnahme. In der Regel zeichnet der Dolchführer das Abbild mit Tinte oder Tusche auf ein handgroßes Stück Papier. Hier sehen Sie ein solches Abbild, das ein offenbar unglückliches, oft auch mit Ketten gefesseltes menschenähnliches Wesen darstellt.

Nun endlich kann der Vorhang aufgehen und die andere, die tantrische Raumzeitlichkeit freigeben. Dies vielleicht in aller Stille, vielleicht aber auch begleitet vom Donnern der grün bespannten Stieltrommel, vom schwirrenden Ton der Becken und dem Geheul einer Knochentrompete. Ja, es gibt sogar Phurpa-Lieder, die man anstimmen kann. Der Dolchführer beginnt nun mit seiner Werdung. Er rezitiert das dolchscharfe Phurpa-Mantra. Er wird Phurpa, der Dolch, die Gottheit, die Dolchgottheit, deren feine Sinne ihn in der Folge befähigen, den unheilbringenden Dämon zunächst zu identifizieren und zu

---

[59] Das Wort linga bedeutet: Kennzeichen, Merkmal, Symptom, Beweismittel, Phallus, grammatikalisches Geschelecht, feiner Körper und Götterbild (siehe Mylius a.a.O.).

[60] Bei Filchner, Wilhelm: „Kumbum Dschamba Ling", Leipzig 1933, S. 293, sind die lingas in Form von Teigbildern wie folgt erwähnt: „Sind die Tormas (Teigbilder) als 'Falle' gedacht... rufen die Lamen die bösen Geister herbei und zwingen sie in die Tormas hinein... Einmal aber in den Tormas festgehalten, bleiben sie Gefangene, ist doch der „Vorgarten" (die nähere Umgebung des Teigbildes) mit einem Wall kleiner magischer Dolche bespickt, die verhindern, daß die eingesperrten Dämonen entkommen".

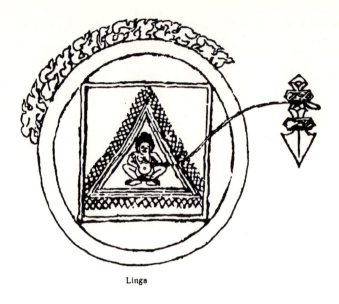

Linga

lokalisieren. Die mantrischen Silben und die Mudras fließen zu einem Strom zusammen und der Phurpa-Meister beginnt, den Ungeist in das eiserne Dreieck, in das Yantra hineinzulocken, aus dem es kein Entrinnen geben soll. Als Köder, als Lockmittel dient ihm dabei das Abbild, das er in die Mitte des Eisendreiecks legt. Dieses Anlocken, methodisch gesehen die schwierigste Phase des Rituals, kann eine Stunde oder länger dauern. Der Dolchmann schreibt zu diesem Zweck Namen und Silben auf das papierene Abbild. Er besprengt es mit Blut unterschiedlichen Wirklichkeitsgrades. Er rollt den Dolch zwischen den Handflächen. Er richtet ihn gegen den Himmel und gegen die Erde und führt den Phurpa mitsamt seiner schwarzseidenen Fahne hinter dem Rücken von der rechten in die linke Hand. Er benetzt die dreischneidige Klinge mit Wasser. Dann stößt er zu:

Er ersticht das Abbild. Er zerhämmert es. Er zerfetzt das Stück Papier zu Krümeln. Er zitiert wieder seine Zündworte. Schließlich verbrennt er die Überbleibsel des Abbildes. Auf der Ebene des Wahrnehmbaren erlischt die Zeremonie.

Was denkt sich nun ein Mensch, der mit Hilfe einer Zeremonie und einem rituellen Bezugspunkt, dem Abbild, eine Identitäten-Katastrophe herbeiführt, in deren Verlauf das Unglück in Gestalt eines Dämons vernichtet wird? Präzise läßt sich diese Frage nicht beantworten. Im Ozean der Unsicherheit findet man jedoch hier und da eine feste Insel, eine Orientierung, Begriffe und Vorstellungen, die im Gespräch häufiger auftauchen. Dazu gehört der Begriff „Dakini". Eine Dakini ist wörtlich übersetzt eine „Luftwandlerin", ein weibliches Geist- oder Geisterwesen das man in der Himalaya-Kunst häufig dargestellt findet: Dakinis sind meist unbekleidet oder doch nur recht knapp verhüllt mit einem Hüftkettchen aus Menschenknochen. Sie sind in der Regel jung: Man hört, sie seien stets sechzehn Jahre alt. Auch seien sie „löwengesichtig".

Zerstörte Selbigkeit

Im Phurpa-Kult spielen die Dakinis schon deshalb eine prominente Rolle, weil die Lehre vom schwarzgiftigen Dolch, so hört man, von einer Ur-Dakini geoffenbart worden ist, die sich in den folgenden Ritual-Versen[61] als Mutter des Phurpa vorstellt:

---

[61] Zitiert nach Stephan Beyer, a.a.O., S. 316.

> Ich bin die bändigende Dakini,
> Die Zornige mit dem Löwengesicht.
> Mein Vater ist Manjushri,
> Der Töter des Todes.
> Der beste unserer Söhne
> ist der Diamantdolch der Magie,
> Der herabschlägt wie Hagel,
> Der blitzschnell zustößt
> In die Herzen derer,
> Die erlöst sein wollen.

Die Offenbarung des Dolchkults durch die Dakini sollte man sich jedoch nicht unbedingt wie eine einmalige Mitteilung zu einem historisch bestimmbaren Zeitpunkt vorstellen. Vielmehr darf man davon ausgehen, daß diese Offenbarung dauernd stattfindet: In Vergangenheit, Gegenwart und Zukunft.

Im weiteren begegnet man der Dakini als vorübergehende Verkörperung: Sie, die unsichtbare Dämonin, inkarniert sich in irdischen Frauen. Sie wird zu deren Wesensbestandteil, läßt sie anziehend erscheinen und befähigt sie, ihren männlichen Gefährten die „drei Genugtuungen" zu gewähren.

Zum Dritten sind Dakinis aber auch zu bleibender Menschwerdung fähig. Beispiel: Die Dakini Yeshe Tsogyel, eine offenbar historische Person des 8. Jahrhunderts, wird als Gefährtin von Padmasambhava beschrieben, die uns auch eigene Schriften

Dakini: Bestandteil einer Ritualschürze (Knochenschürze)

hinterlassen hat. So zum Beispiel den in diesem Buch enthaltenen Dolch-Kommentar „Das Elixier des Herzens".

Schließlich leisten die Dakinis, viertens, unverzichtbare Botendienste zwischen dem Zauberer und seiner Transzendenz. Zur Erinnerung: Nach buddhistischer Lehre hat der Mensch keine Seele, und folglich auch nichts, was nachts zur Traumzeit ausfliegen und mit den Jenseitswelten Kontakt aufnehmen könnte. Diese Aufgabe kommt vielmehr auf wunderbare Weise den Luftwandlerinnen zu.

An diesem Beispiel der Dakinis läßt sich eine Eigenart des Dolchkults (und der Magie schlechthin) darstellen. Es ist die mangelnde Selbigkeit der Akteure. Es ist deren oft so unfeste Identität. Es ist die gelockerte oder gar gelöste Beziehung zwischen Namen und Erscheinungen, zwischen Benennungen und Benanntem, die den Phurpa-Kult und andere magische Praktiken oft beunruhigend erscheinen lassen. Der Dämon ist Dolch? Der Dolch ist unversehens Dämon? Wer ist wirklich wer?

Wahn als Strafe

Dieses Problem der zerstörten Selbigkeit drückt gelegentlich auch die Dolchführer. Die Zeremonie, namentlich das Problem dieses Werdungs-Rucks, präsentiert sich als schwere Prüfung, die auch bei guter Vorbereitung nicht immer zu bestehen ist.

Ein Versagen[62] tut weh. Da ist der Gesichtsverlust vor sich selbst und vor anderen. Man liest jedoch auch von regelrechten Strafen – Wahnsinn als Folge einer mißlungenen Zeremonie. Dolchführer versuchen wohl, sich mit Hilfe eigens gefertigter Amulette gegen eine Fehlleitung des Energiestoßes, gegen einen psychischen Unfall und gegen das Mißlingen des Rituals zu schützen. Aber da bleibt doch ein Rest von Versagensangst und die Furcht, der unglückbringende Dämon könne vielleicht den Kampf gewinnen und die erwartete heilsame Wirkung ausbleiben.

Zur Frage nach der Wirkung: Ich habe den Dolchkult bisher ohne Kritik an der Sache dargestellt und dabei vielleicht den Eindruck erweckt, als stünde die Wirkung ganz außer Frage, als würde das Dolchritual einen Menschen zwangsläufig von der Tuberkulose befreien und ein drohendes Gewitter mit Sicherheit abwenden. Wie steht es mit der Wirkung? Wenn Sie danach fragen, ob eine Phurpa-Zeremonie das geeignete Mittel sein könnte, Naturgesetze aufzuheben, also etwa einen Menschen zu befähigen, durch die Luft zu fliegen, so lautet die Antwort: Nein. Aber geht es denn immer um das Aufheben von Naturgesetzen? Fragt man statt dessen, ob der Phurpa-Kult Realitäten in den Köpfen der Menschen zu schaffen vermag,

---

[62] Erwähnt bei Evans-Wentz, W.Y.: „Yoga und die Geheimlehren Tibets", München-Planegg 1947, S. 201, hier mit Bezug auf das Chöd-Ritual.

dann ist die Antwort: Ja. Der Dolchkult kann dann Berge versetzen und Kriege gewinnen helfen.

Ein Beispiel: Als die Briten, wie schon erwähnt, im Jahr 1904 in Tibet einmarschierten, veranstalteten die Tibeter in Lhasa eine große Verfluchung der gelbhaarigen Feinde, worunter man sich nicht zuletzt eine große Phurpa-Zeremonie vorzustellen hat. Zufall oder nicht: Etwa gleichzeitig starben den Briten ihre Yaks, ihre Tragtiere, die der König von Nepal ihnen geschenkt hatte. Rund dreißigtausend Yaks verendeten an der Maul- und Klauenseuche. Dieses Ereignis überzeugte nun die Bevölkerung davon, daß der (damals 13.) Dalai Lama über den stärkeren Zauber verfügen müsse und die heranmarschierenden

britischen Truppen dem Tod geweiht seien. In der Folge fühlten sich die Tibeter ermutigt, den Eindringlingen die Verpflegung abzuschneiden und ihre Offiziere mit Steinen zu bewerfen. Damit nicht genug. Das Gerücht von der Verfluchung und den toten Yaks verbreitete sich auch im fernen Osttibet. Die dort ansässigen Kham-Tibeter, berüchtigte Räuber und Raufbolde, fühlten sich daraufhin stark genug, ihre Gabelflinten zu schultern und ihren sonst nicht arg geliebten Brüdern, den Lhasa-Tibetern zur Hilfe zu eilen.

So kamen die Engländer wegen Transportschwierigkeiten, Nachschubsorgen und vermehrten militärischen Widerstands nur sehr langsam voran. Sie erreichten wohl die Hauptstadt Lhasa, mußten jedoch wegen des schon drohenden Winters gleich wieder abrücken. Und zwar in Schande: Der tibetische Regent – der 13. Dalai Lama war geflohen – überreichte dem britischen General McDonald zum Abschied eine Buddha-Statue mit dem Bemerken, er, der englische Haudegen, möge sich bessern und hinfort gemäß dem Dharma, der Lehre des Erhabenen, leben[63]. Mit anderen Worten: Die Dolchführer können sicherlich nicht durch Gebirge blicken, fliegen oder das Wasser bergauf fließen lassen. Aber sie erschaffen wirksame psychosoziale Realitäten. Vergleichbares gilt auch für die Krankenheilungen mit Hilfe des Dolches: Phurpa-Rituale mögen krankmachende Dämonen austreiben oder nicht. Darauf kommt es nicht an. Die Dolchzeremonie – so ist sie ja angelegt und ausgestaltet – wird einen kranken Menschen nicht unbeeindruckt und sein Befinden nicht unbeeinflußt lassen: Art und Ausmaß der feierlichen Zuwendung tun ihre Wirkung. So kann man den Dolchkult nicht als folgenlos abtun.

Dolch-Mystik

Damit ist das Thema der Wirkung jedoch noch nicht erschöpft. Vielmehr erzeugt der bisher beschriebene alte und magische

---

[63] Erzählt nach Landon, Perceval: „Lhasa", London 1905, und Waddel, L.A.: „Lhasa and its Mysteries", London 1905.

Phurpa-Kult eine Nebenwirkung, die in der heutigen modernen Dolchpraxis zu einer Hauptwirkung aufgerückt ist: das Dolchritual, das ist der wesentliche Punkt, läßt sich auch so praktizieren und ausgestalten, daß es erstrangig zum Glück des Dolchführers beiträgt. Der Leser möge sich jetzt auf eine scharfe thematische Kurve gefaßt machen. Um deren Ende gleich zu zeigen: Der Phurpa-Kult hat zwei verschiedene Rituale hervorgebracht. Zum einen das geschilderte „zornvolle" Austreibungs-Ritual, das der Dolchpriester im Auftrag und zum Segen anderer Menschen durchführt. Und zum anderen ein „friedvolles" Ritual, das, von außen besehen, zwar dem Exorzismus ähnelt, in Wahrheit aber auf anderen Voraussetzungen beruht und auch einem anderen Zweck dient, eben dem Glück des Dolchführers selbst.

Kehren wir für einen Augenblick an den Ausgangspunkt und die Definition zurück, dernach das Glück ganz einfach als die Abwesenheit von Unglück zu beschreiben ist und sich das Unglück in er Gestalt von Dämonen manifestiert. Von diesem Glücksbegriff müssen wir uns nun verabschieden und uns einer neuen Definition zuwenden: Glück sei jetzt als ein Einheitserlebnis zu verstehen, als ein Zustand vollkommener Harmonie und Ungetrenntheit zwischen dem Mensch und seiner Welt. Dieser Seinszustand – in so weit bleibt die Basis unverändert – ist jedoch ebenfalls kein Zufallsprodukt, kein „ebenso schnell vorübergehender wie seltener Zustand der Wunschlosigkeit".

Vielmehr ist auch diese Form des Glücks, das Einheitserleben, systematisch herstellbar; dies gleichfalls mit Hilfe des Dolches.

Dieses zweite Dolchritual, ich nenne es das mystische im Gegensatz zu der magischen Dolch-Praxis, beruht auf einem einfachen und Ihnen bekannten Grundgedanken: Wenn Sie sich gestört und unglücklich fühlen – dagegen ist ja niemand ganz gefeit – können Sie auf Ihr psychisches Befinden im Allgemeinen keinen direkten Einfluß nehmen. Das Glück läßt sich nicht herbeibefehlen. So besehen streift uns das Glück tatsächlich nur zufällig und selten und wir können nur warten und hoffen, daß sich ein Unglückszustand früher oder später wieder einmal in Harmonie verwandelt.

Innerweltliches Unternehmertum

Dieser Fatalismus vor den Gestaltungsfragen der Innenwelt, ich habe darauf schon hingewiesen, ist jedoch trainierten Tantrikern fern. Mögen sie auch im Straßenbau und in der Elektrotechnik – in der Gestaltung der Außenwelt – nicht viel geleistet haben, so sind sie uns Abendländern auf dem Gebiet des innerweltlichen Unternehmertums doch deutlich voraus. Das gilt auch oder gerade auf dem Gebiet der Selbstbeeinflussung und der Herstellung glückhafter Seinszustände, fußend auf der Erfahrung, daß seelisches Befinden zwar nicht direkt, wohl aber indirekt, nämlich über den Umweg des Körpers, zu steuern und zu wenden ist.

Eine solche indirekte Einflußnahme gestaltet sich im Grundsatz recht einfach: Wer immer seinen Seinszustand verbessern möchte, muß sich eine – zunächst beliebige – körperliche Tätigkeit aussuchen, zum Beispiel das in Asien noch weit verbreitete, in Europa erst unlängst in Vergessenheit geratene Rosenkranz-Beten. Dazu benutzt man im buddhistischen Kulturraum keinen katholischen Rosenkranz, sondern Gebetsschnüre mit einhundertacht Perlen aus Holz, Muschelkalk, Stein oder Knochen. Auch spricht man dabei kein reguläres Gebet, kein Gegrüßet-seist-Du-Maria, sondern man spricht[64] hörbar oder auch stimmlos ein Mantra, eine Zündwortkette wie zum Beispiel OM AH HUM.

Psychosomatisches Wechselspiel

Dabei wird beim Anfänger vielleicht nur zögernd, bei geübten Tantrikern jedoch sofort ein psychosomatisches Wechselspiel in Gang gesetzt: Durch die Körperbewegung, hier das Ergreifen und Weiterschieben der Perlen auf der Gebetsschnur bei gleichzeitigem Rezitieren des Mantra, entsteht ein anfänglich vielleicht nur geringfügiger Widerhall im Psychischen. Dieser Effekt ist jedoch meist stark genug, den darauf folgenden physischen Vorgang – das Ergreifen und Weiterschieben der folgen-

---

[64] Auf den Wortsinn des jeweils gesprochenen Textes kommt es hier nicht erstrangig an. Entscheidend ist vielmehr die Internalisierung als Folge der andauernden Wiederholung der einmal gewählten Wortkette. Die Wirkung eines solchen „Herzensgebets" ist sehr eindrücklich auch von einem anonymen christlichen Mystiker beschrieben worden (von Walter, Reinhold, Herausgeber: „Aufrichtige Erzählungen eines russischen Pilgers", Freiburg i.Br. 1959).

den Perle mit den Fingern – zu intensivieren und qualitativ zu verbessern. Diese Verbesserung im Physischen verstärkt wiederum den psychischen Widerhall. Im Lauf einer Rezitationsrunde über hundertacht Perlen entsteht dann ein Weberschiffchen-Effekt, ein Hin und Her, ein Optimierungsprozeß zwischen dem äußeren Tun und dem inneren Seinszustand, der noch nicht zwangsläufig zu einem Glückserlebnis, bei häufigem Üben aber aber zu erhöhter Konzentration führt.

So viel zum Prinzip, erläutert am Beispiel des Umgangs mit einem Rosenkranz. Solche Beispiele lassen sich nun vermehren: Wer ein Weiteres für sich und sein Glück tun möchte, sollte während des Gebrauchs der Gebetsschnur zugleich ein würdiges Bauwerk, einen Stupa, umwandern. Das ist ein kegelförmiger Bau, eher ein Denkmal, wie man es im buddhistischen Raum häufig sieht. Durch das zusätzliche Schreiten, das Umwandeln (im Uhrzeigersinn), verstärkt sich das psychosomatische Wechselspiel und mit ihm auch seine Wirkung. Ich habe gerade diese einfachen, jedermann zugänglichen Übungen in schönster Erinnerung: Etwa das Umwandern des großen Stupa in Bodnath bei Kathmandu – ein Strom freundlicher Menschen, der abends im letzten Sonnenlicht den Stupa umwandelt, die Gebetsschnur in der Hand, vorbei an den kleinen Läden, wie sie in Asien viele Sakralbauten und Pilgerstätten umsäumen.

Rosenkranzgebet und Umwandlung sind jedoch Praktiken für „Haushalter", „Gabenherren" und andere schlichte Leute. Allzu große und bleibende Wirkungen darf man hier nicht erhoffen. Die Wirkung nimmt jedoch zu, desto mehr die Übungen gewisse Bedingungen erfüllen: Sie sollten eine gewisse Zeitspanne, eine Stunde oder länger, andauern. Sie sollten, zweitens, möglichst komplex ausgestaltet sein, das heißt, dem Körper, aber auch dem Sprach- und Atemvermögen einiges abverlangen. Drittens sollten sie, das versteht sich fast von selbst, ein künstlerisches Element enthalten, um auf die Psyche nachhaltig einzuwirken.

Dergleichen Praktiken für den Fortgeschrittenen findet man gar nicht so selten unter dem großen Dach des Buddhismus, obwohl sie mit der Wirtsreligion in keiner dogmatischen Beziehung stehen. Die beiden bekanntesten Ritual-Praktiken sind heute in Japan wieder weit verbreitet: Das zeremonielle Bogenschießen und das Schwertfechten: einstmals lebenswichtige Tätigkeiten, dem Alltag einer vergangenen Epoche entnommen, die ihrem ursprünglichen Zweck nun entfremdet sind. Den einst der Kriegskunst gewidmeten Übungen ist ein Nebenzweck beigesellt worden, der sich zum Hauptzweck hochgedient hat: Der Herstellung glückbringender Seinszustände.

Ähnlich verhält es sich mit dem Dolchkult. Ein so variantenreicher, ganzheitlicher und – auch das spielt eine Rolle – sinnreicher Handlungsablauf eignet sich gut dazu, jenes psychophysische Wechselspiel in Gang zu setzen und es zum gewünschten Ende, zum Einheits-Erlebnis zu bringen. Im Gegensatz zum Bogenschießen in Japan – heute fast nur noch eine Sportart – ist beim mystischen Dolchkult der Charakter des Kampfes, die Idee der Bändigung noch unvergessen. Hauptzweck und Nebenzweck erscheinen beim Phurpa-Kult verzwirnt und noch ungetrennt. Seine relative Länge in der Zeit und das Zusammenspiel schwer erlernbarer Mantras und Mudras macht den Dolchkult – auch in seiner mystischen Form – für den gewöhnlichen Sterblichen allerdings schwer zugänglich. Der Phurpa-Kult bleibt hauptsächlich den Eingeweihten vorbehalten.

Dieser erhöhte Schwierigkeitsgrad festigt und vertieft jedoch auch die Wirkung: Eine Phurpa-Zeremonie verlangt ein so hohes Maß an Konzentration, daß dem Dolchführer zu gedanklichen Ausflügen in die Vergangenheit oder in die Zukunft kein Spielraum bleibt. Verlangt ist die uneingeschränkte Geistesgegenwart. Man mag sich vielleicht fragen, ob denn dieses Wechselspiel von physischer Ursache und psychischer Wirkung auch immer in die richtige Richtung führt? Die Antwort ist ein Ja mit gewissen Vorbehalten: Erfahrene Tantriker und Dolchführer vertreten vielfach die Meinung, das bloße Erlernen des Rituals, des Handlungsablaufes, erzeuge die gewünschte Innenwirkung gleichsam von selbst. Auf der anderen Seite studieren alle Tantriker und Dolchanhänger – ist das ein Widerspruch? – ihre

Kunst unter der Aufsicht eines erfahrenen Lehrers, der sie vor Unfällen bewahren soll, namentlich vor vorübergehenden oder auch bleibenden Geistesstörungen als Folge psychischer Überlastung: Unfälle sind möglich.

Und wie sieht sie nun aus, die „Grande Félicité"[65], das Glück? die Antwort entzieht sich der Alltagssprache und übersteigt gewiß auch die Kompetenz des Berichterstatters. Deshalb soll im Folgenden ein Dolchkundiger des 15. Jahrhunderts zu Wort kommen, der auf seine tibetische Weise beschreibt, wohin das Ritual führen kann[66]:

> „Er trat durch die Pforte der Einweihung und schaute. Er gewann einen anderen Leib, der „Leib der Erscheinung und Leerheit". Es gab für ihn nun kein Innen mehr und kein Außen, kein Oben mehr und kein Unten, kein Vorwärts und kein Rückwärts mehr und auch kein Vorher und Nachher. Er war ungeschaffen. Er war nun entgrenzt und zweiheitslos. Frei von Eigenschaft leuchtete seine Gestalt in der unverfälschten Helle. Sein Glück war ganz und rein. Er glühte im Klaren Licht. Er war entworden und mutvoll. Erwacht auf dieser Ebene der Seinsgewahrsein-Seligkeit, betrachtete er das Spiel: Die Burgen und die Bürger, die Götter und die Göttinnen, die Dakas und die Dakinis. er wurde Teil der Ur-

---

[65] So genannt bei Stein, R.A.: „A propos des documents...", a.a.O., S. 431.
[66] Nach Ruegg, D.S.(Herausgeber/Übersetzer): „The Life of Buston Rinpoche" und der Übersetzung derselben Textstelle bei Beyer, Stephan, a.a.O., S. 134.

sicht und des Urverstehens. Was er auch wahrnahm, die inneren und die äußeren Geschehnisse: Sie wurden zu Spiegelungen seines Geistes, zu bloßen Vorfällen, geboren aus seinem mutigen Verstehen".

~

Der Leser dieses Textes mag nun endgültig den Eindruck gewinnen, zwischen dem magischen Austreibungs-Ritual mit seinen blutigen Details und dieser mystischen Seinsgewahrseins-Seligkeit müßten wohl Welten liegen. Das trifft jedoch nicht zu: Zwischen den scheinbar verschiedenen Kultformen findet man bei genauerem Hinsehen nur Akzentverschiebungen. Das Glück erscheint hier mehr als Kampf gegen das Unglück, dort mehr als erreichbarer Endpunkt. Der friedvolle, der mystische Dolchkult kommt fast ohne die magischen Zutaten aus, ohne Senfsamen und Knochentrompeten, deren Geheul Abendländer häufig erschreckt. Von einem krassen Unterschied, von einem hier und da, wollen jedoch die Dolchgläubigen nichts wissen.

Beiden Polen des Dolchkults gemeinsam ist der Gedanke des Selbstopfers, angezeigt jeweils durch die Mudra der Selbsterstechung. Beiden gemeinsam ist die Gestalt des Dolchführers – hier der magisch Schaffende, dort der mystisch Schauende. Gemeinsam ist ihnen der dreischneidige Eisendolch: Für den Magier die Waffe, für den Mystiker der Ausgangspunkt seiner gegenständlichen Meditation, für beide jedoch der Schlüssel zu einem Glücklichsein.

Die Schatztexte

Die nun folgenden tibetischen Texte zum Phurpa-Kult bewegen sich inhaltlich scheinbar übergangslos zwischen dem Pol der sichtbaren Magie und dem Gegenpol der ideierten Bilderwelt. Sie, der Leser, sollten über diese Schwellen nicht stolpern und sich unbekümmert durch die ganze ungeschiedene Dolchwelt führen lassen. Zu den Texten selbst hier noch ein erklärendes Wort: Sie alle sind, wie auch aus den Nachworten hervorgeht, sogenannte Schatztexte. Darunter sind Schriften zu verstehen, die aus alten Zeiten stammen, hier aus dem 8. Jahrhundert n. Chr. Die Texte sind, wie es heißt, damals in Höhlen versteckt worden. Vor allem im 15. Jahrhundert nach Christus wurden solche Schriften von tibetischen Kirchenlehrern, aber hier und da auch von fortgeschrittenen Laien wie Ratna-glin-pa, wieder aufgefunden (erschaut?) und niedergeschrieben.

Der erste Text ist das Inhalts-Verzeichnis des von Ratna-glin-pa wiederentdeckten Handbuchs für Dolchführer (siehe Literaturverzeichnis der tibetischen Originaltexte). Das Handbuch beginnt mit gezeichneten Vorlagen für die Herstellung von Abbildern (linga) und Amuletten, wie sie auch in diesem Buch abgebildet sind. Der zweite Abschnitt enthält die eigentlichen Anweisungen. Die Überschriften der Kapitel mögen einen Eindruck davon vermitteln, was Dolchführer lernen müssen und in welchen Koordinaten der Dolchkult angesiedelt ist. Die Übersetzung ist Geshe Loden Sherab Dagyab, Rheinbach (BRD) zu danken.

Darauf folgt, zweitens, die von Amy Heller gefertigte Übersetzung des Kapitels 11 aus dem Phurpa-Handbuch von Ratna-glin-pa: Eine Darstellung des eher äußerlichen Ablaufs einer Austreibungs-Zeremonie. Die handgeschriebene tibetische Vorlage ist an einigen Stellen beschädigt. Der Sinn ist hier, so gut es geht, durch in Klammern gesetzte Ergänzungen rekonstruiert. Um Mißbräuche zu verhindern, sind die Mantras (hier wie auch in den anderen Texten) teilweise weggelassen.

An dritter Stelle folgt eine Meditations-Anleitung (Kapitel 15 des Handbuchs von Ratna-glin-pa). Der Übersetzer dieses Textes, ein britischer Tibetologe, hat darum gebeten, nicht namentlich genannt zu werden. Entgegen tibetischem Brauch kommt in diesem Text nun nicht Padmasambhava oder ein anderer Kirchenvater zu Wort, sondern eine Frau: Die Luftwandlerin (Dakini) Yeshe Tsogyel. Sie schildert, anders als Padmasambhava im vorhergehenden Text, nicht so sehr den äußeren Ablauf eines Phurpa-Rituals, sondern mehr die beseligende Innenwirkung auf den Dolchführer.

Der vierte und fünfte Text, übersetzt von Amy Heller, sind dem Urtext des Dolchkults, dem „bhi-to-ta-ma" oder auch „Vidy ottama-Tantra" entnommen. Diese Lehrschrift soll – mutmaßlich aus Gründen der Geheimhaltung – über 100.000 Fundstellen verstreut sein. Die beiden hier abgedruckten Textabschnitte, redigiert von Buston Rinpoche, sind unter der Überschrift „Vajra Mantra Bhiru Sandhi Mula Tantra" im Kanjur zu finden: Hier handelt es sich demnach nicht um dogmatisch neutrale Anweisungen, sondern um anerkannte Lehrinhalte des Buddhismus. Der darin erwähnte Dämon Rudra, eine Frühform des indischen Shiva, gilt als besonders unheilstiftend: Rudra kennt die Lehre des Erhabenen, hat sie jedoch verworfen, und versucht nun, gestützt auf sein glaubensloses Wissen, die Seelen der frommen Buddhisten zu vergiften. Die deutschsprachigen Textfassungen sind vom Autor dieses Buches, Thomas Marcotty, bearbeitet.

Besiegte Dämonen

Aufriß der Dolchlehre

> *Inhaltsverzeichnis der Handschrift „Sehr geheime Rituale zur Anrufung des Phurpa für zerstörerische Zwecke" von Ratna-glin-pa (1403-1478).*

A. Zeichnungen

1. Das Rad des Schutzes für mich und andere. 2. Tief-gründiges Rad des Selbstschutzes. 3. Das Rad der Zähmung feindseliger Dämonen. 4. Das Rad der Zähmung und der Tötung teuflischer Dämonen. 5. Das Rad der Zähmung der Schlangendämonen (Naga). 6. Das Rad der Zähmung der irreführenden Dämonen. 7. Das Rad der Abwehr und des Zufügens von Schaden. 8. (fehlt im Manuskript). 9. Rad der Zähmung des Königsdämons und des Schutzes für Yoghurt und Bier. 10. Diagramm zum Schützen eines Ortes, eines Klosters und eines Bezirks. 11. Diagramm zum speziellen Ritual „Rad des Umgangs" mit der schwarzgiftigen Dolchwaffe.

B. Texte

1. Segensspruch „Schatz der Aktivitäten". 2. Essenz des geheimen tantrischen Tuns. 3. Besondere und geheime Unterweisung zum Thema der Himmelstreppe. 4. Letzte und klare Unterweisung über das Torma-Opfer. 5. Besonders tiefgründige Darlegung und Erhellung. 6. Über die nutzenstiftende Unterweisung. 7. Darstellung des großen Dolchrituals. 8. Butter-

lampen-Gebet zum Schluß des Rituals. 9. Dolch-Mandala der Essenz der unübertrefflichen Wahrheit (von Mkhar chen gza verfaßte Lobpreisung). 10. Das unübertreffliche Mandala des Geheimen Dolches in ganzer Reinheit und Klarheit. 11. Die Wirksamkeit des schwarzgiftigen Dolches im Rahmen des Rituals. 12. Wie man Abbilder macht, die alle zufriedenstellen (Glud-Ritual). 13. Meditation über die Vorstellungs- und Vollendungsstufe der „Juwelenkette". 14. Darstellung des Hauptrituals. 15. Das große und geheime Ritual der vortrefflichen Herzens-Essenz des Padmasambhava. 16. Das Ritual der dolchscharfen Aktivität. 17. Aus dem Ritual (der dolchscharfen Aktivität) exzerpierte Ansammlungs-Riten (Ganachakra). 18. (An die Schutzgottheit gerichtete) Aufforderung zur Religionslehre. 19. Anrufung der Schutzgottheit Bse Yi skyes Bu, stellvertretend für alle 14 Phurpa-Schutzgottheiten. 20. Sehr gefährliche Aufforderung gerichtet an die fünf eidtreuen Beschützer. 21. Ritual des Erscheinenlassens des Substanzlochs (Yantra) des Todesgottes Yama. 22. Das Rad der Waffenaktivität des schwarzgiftigen Dolches (Unterkapitel zum Ritual). 23. Abschlußritual: Zähmung durch die Kräfte des zornvollen Königs. 24. Abwehr zornvoller Steine und Tormas durch Berühren mit der Schärfe des Dolches. 25. Zwölfteilige und tiefgründige Sammlung verschiedener Rituale. 26. Geheimes rituelles Tun mit Bezug auf den Schätze-Beschützer Ldong Lha. 27. Wie mit dem Schwert zuschlagende zornvolle Mantras von

Sbriza Sbugu. 28. Besonders wirksame Abwehr von schlechten Omen durch die (Schutzgeister?) Rdor leg.

Toter Dämon, aus einer Schädelschale hängend

Der schwarzgiftige Dolch

> *Kapitel 11 aus dem Phurpa-Handbuch von Ratna-glin-pa: „Das Ritual des schwarzgiftigen Dolchs: Der lebendigen Schärfe, die töten kann". Ursprünglich von Padmasambhava im 8. Jahrhundert verfaßter Text, aus dem Tibetischen Übertragen von Amy Heller, Ecole Pratique des Hautes Etudes, Paris.*

Ich, der als Padmasambhava Wiedergeborene, habe meinen Geist durch das Studium jener Tantra-Lehre gereinigt, die Phurpa bhi-to-ta-ma genannt wird. Auch habe ich die Tantra-Lehre des Denkens vollendet. Mit Hilfe der Meditation des Atmens habe ich das Ritual des Herbeischwörens von Gottheiten vervollkommnet. Ich habe diese Vielheit der Lehren zu einer Einheit verschmolzen und diesen Schatz meines Wissens versteckt. Ich habe ihn vergraben mit dem Gelübde: Möge diese meine Lehre dem Wohl aller fühlenden Wesen dienen.

Ich, Padmasambhava, der Glorreiche, der aus Uddiyana kam, habe in der Felsenhöhle des Berges mit Namen Ya über das Mandala, das Diagramm der Götter des Körpers nachgesonnen. Ich habe meinen Leib mit sechzig Phurpa-Teilchen bekräftet (durch Verschlukken von sechzig Meteor-Eisen-Teilchen?). In dieser Zeit der Zurüstung meines Geistes haben die eidtreuen Beschützer mir das Mark ihrer Lebenskraft geschenkt und auch (der Gott) Phurpa hat mir von seinem Lebensmark gespendet. (So habe ich erkannt:) Alles Wirken eines Dolchführers läßt sich mit einem (einzigen) Mantra-Zauberspruch bewerkstelligen. Wenn Du diese mantrische Kraft in Dir erzeugst und bewahrst, gleich ob Du gehst, stehst oder schläfst, werden die Hürden fallen und die Geister des Unheils werden vernichtet werden. So heißt es in der Weissagung der

Luftwandlerin (Dakini): Die Dolchkraft ist das Lebensprinzip der Gottheiten und Dämonen. Sie, die Dolchkraft, ist zugleich deren Töterin, das verzehrende Feuer, die Eisenachse der Bändigung, die Phurpa bhi-to-ta-ma heißt.

Meine Dolch-Lehre ist Herzwurzel und Geistwurzel zugleich. Wer immer auf magische Kraft hofft, der muß die Dolchlehre in Gang setzen. Die ist wie der Vogel, den die Hunde vergebens jagen. Wer die Dolchkraft wecken will, der soll die Worte sagen: OM DORJE SHON NU VAJRA KILI KILAYA MA RAK MO YAK MO KALA RUPA SHA NAMA (vollständiger Mantra-Text). Der soll OM VAJRA KILAYA (Kurzform) zur Herzensader sprechen, OM VAJRA KILAYA zur Ader der Lebenskraft und OM VAJRA KILAYA zur Herzensmitte. Sprich dies in dem gedehnten Laut, dessen wilde Windkraft einen jeden schüttelt. Sprich dieses Mantra der Gewalt vierundachtzig Mal. Dann werden die Todeszeichen bei Deinem Feind aufkeimen.

Jetzt mehr zu dem Mantra der Gewalt, wie es in der Weissagung der Luftwandlerin beschrieben wird: OM DORJE SHON NU. Wenn Du VAJRA sagst, laß das Mandala der Weibkraft vor Deinen Augen erscheinen und bringe es als Opfer (für die Phurpa-Gottheit) dar. Wenn Du sprichst KILI, erschaue und opfere zehn Falken. Sagst Du KILAYA, erschaue und opfere zehn zornvolle Gottheiten und deren beste Söhne. Sagst Du MA RAK MO, erschaue und opfere die Göttin Lha-mo. Wenn Du YAK MO sagst, bring vier weibliche bse-Geister dar. Und sprichst Du KALA RUPA SHA, weihe (dem Phurpa) vier Lobpreisungen. Zur Lebenskraft sage YAM YAM. Dann erscheint die lange Hand des Töters. Rufe die Herzensmitte auf durch Rollen des Dolchs zwischen den Handflächen und laß die Töterin erscheinen. Weck die Lebenskraft. Sprich CHUM TSA TA TA SOG und laß den Lebensmeister kommen.

DJA: Herz, Fleisch und Blut. (Es folgen unleserliche Mantra-Silben). Mach den Eisendolch stark. Sinne über dem Mandala der Körper-Gottheiten (gemeint ist das Abbild aus Papier oder Teig). Schau ihn an, den Unheilvollen. Befreie ihn (stich zu, töte ihn)!

Dies waren Erklärungen zu dem Mantra und seinen Wurzelsilben, das die Dolchschärfe und die Qual der heillosen Dämonen weckt, entsprechend der Weissagung der Luftwandlerin. Nun folgen Erklärungen, wie man das (auf Papier oder Pergament gezeichnete oder aus Teig geformte) Abbild des Unglück bringenden Feindes vorbereitet.

Sprich A TSI TI, A PA RA TSI und schreibe diese Silben der neunzehn ma-mo und shen-pa-Gottheiten auf den Kopf des Feindes. Auf die rechte Seite des Bildes sprich und schreibe die sechsundzwanzig Silben des Vater-Tantra (?). Auf die linke Seite sprich und schreibe die vierte Wurzel (das vierte Wurzel-Mantra?) der in Liebe verschlungenen männlichen und weiblichen Geister. Fessele das Herz des Feindes: Schreib NRI darauf. Schreib die Silbe (NRI?) auf den rechten und linken Fuß. Jetzt schlagen sie (gemeinsam) zu: Der Eisendolch, das Gewalt-Mantra und der (vom Dolchführer geworfene) weiße Senfsamen. Der unheilvolle Feind ist nun befreit (erstochen). So heißt es in der Weissagung der Luftwandlerin, gemäß der Tantra-Lehre mit Namen Phurpa bhi-to-ta-ma.

Geister-Gefängnis (Drubkung), eiserne Deckeldose, gold- und silbertauschiert

Nun folgt eine weitere mantrische Belehrung über das Mandala der Körper-Götter und die Frage, wie man die Mitte dieses Mandalas magisch aufladen kann. Das folgende aus sechzehn Silben bestehende Mantra kräftigt den eigenen Körper und konzentriert die Kraft in der Mandala-Mitte: OM VAJRA KI LI KI LA YA SARVA BHA GIN BAM HUM PHAT DJA HUM AH. Sprich dieses Mantra. Dann wird die OM-Silbe oben aus Deinem Schädel heraussteigen. (Die folgenden Sätze sind nicht ganz klar. Der Dolchführer wird offenbar aufgefordert, die Mantra-Silbe OM sechzehn Mal möglicherweise auf Papierstückchen zu schreiben, die, wenn zu Kügelchen gerollt, geworfen werden können). Dann werden alle sechzehn Silben des Mantras rezitiert. Es wird Dich mit Vollkommenheit erfüllen. Mit der über Deinem Kopf stehenden Mantra-Silbe OM und den Silben DJA; HUM und AH bringst Du der Lebenskraft Deine Verehrung dar. Denn die drei Silben DJA, HUM und AH sind eine verdichtete Form des dolchscharfen Gewalt-Mantras. Sie eignen sich dazu, einem Feind die Lebenskraft zu stehlen. In ihrer Dreiheit stehen sie auch für alle Weisheits- und Phurpa-Schutzgottheiten.

Nun folgt das (als Silbenfolge nicht zitierte) Mantra der Lha-ma-srin-Gottheiten und -Dämonen. Dieses Mantra dient drei Zwecken: Der Verehrung, der Erschauung und der Befreiung (der Vernichtung des unglückbringenden Feindes). Wenn Du dieses Mantra der Lha-ma-srin-Gottheiten sechzehn mal rezitiert hast, vollziehe das Ritual und sprich dazu das (oben schon geoffenbarte) Kräftigungs-Mantra. Damit ist die Befreiung (Vernichtung) des Feindes mit Hilfe des Abbildes (linga) gesichert. Die Bedeutung des Mantras, das auf die Gliedmaßen des Abbildes geschrieben wird (NRI usw.), ist schon erklärt worden. Sprich dieses Wort. Dann werden sich die Zeichen der Vernichtung des Feindes zeigen.

Nun werde Du Phurpa. Verwandele Dich in Phurpa-Kumara, den kämpfenden Gott. Schreibe MI MI (Mensch) auf den Rand des Abbildes und halte damit Behinderungen vom Abbild des Feindes fern, die von außen kommen können. In die Mitte des Abbildes schreibe das Zeichen E und sprich dazu das Mantra der dolchscharfen Gewalt: Dann erstich das Abbild. Wirf die Kügelchen, den Senfsamen, und Deine Aufgabe wird dann erfüllt sein. Das dolchscharfe Mantra tut nun seine Wirkung und die Todeszeichen Deines Feindes werden sichtbar werden. Sprich Du das Mantra in der Lautwellengestalt eines durchbohrenden Speers, wird der Eisendolch sogar emporsteigen, fliegen und flammen. Der unglückbringende Feind ist nun besiegt, aber seine Lebensseele (bLa) wandert noch umher.

Du spürst die umherwandernde Seele. Deine Haut prickelt. Deine Haare stehen zu Berge. Sie wandert, wenn Zeichen in der Deckelschale Deines Opfergefäßes erscheinen. Sie ist nah, wenn ihre Stimme aus der Richtung des Feindes, des erstochenen Dämons kommt.

Die Stimme der umherwandernden Seele kann den Lauten von Tieren ähneln, der Stimme des Yak, der Stimme der Ratte, der Stimme der Ziege oder einer Vogelstimme. Dann ist es wieder an der Zeit, mit dem Dolch zuzustoßen. Wenn nun die wandernde Seele des Dämon mit der Stimme der Ziege, des Yaks oder des Rehs spricht, dann bete beim Zustoßen auch das Gewalt-Mantra des Eisendolches. In der Weissagung der Luftwandlerin heißt es, es gebe fünf Weisen, den Dolchstoß zu führen. In diesem Fall (wenn die Seele wie Yak, Ziege oder Reh spricht), dann mußt Du den Dolch in die Herzensmitte (des Abbildes) stoßen, dorthin, wo Geist und Körper einander berühren. Zeige nun Geschicklichkeit. Besinne Dich auf das gute und böse Karma in Dir selbst. Sprenge Blut auf die Herzensader des Abbildes. Das ist der Ort des NRI: An der Stelle, an der die schwarze und die weiße Herzenshälfte einander berühren. Dort stoße zu, stich den Phurpa wie einen Lichtstrahl in dieses NRI hinein. Sauge das NRI in Dich auf und mit ihm, dem NRI, die Lebenskraft Deines Feindes, damit sie Dein eigenes Leben verlängern möge. Hast Du erst diese Kraft in Dich aufgenommen, sehen die Überreste des Abbildes wie verfaultes Fallholz aus. Die NRI-Silbe wird in Dir zum HUM. Sprich dieses edle HUM nun deutlich aus.

Jetzt ist der Dämon bestraft. Das Geistergefolge des großen und glorreichen Phurpa verblaßt. Das Ritual geht seinem Ende zu. Deshalb nun noch einige Belehrungen, die zum guten Gelingen beitragen mögen.

Bevor Du das Ritual abschließt, sollst Du noch einmal das dolchscharfe Gewalt-Mantra sprechen und es danach gut verstecken. Auch mußt Du in der Phase der Anrufung den Namen des unglückbringenden Dämons, den Du austreiben willst, deutlich artikulieren. Im Zeitpunkt des Zustoßens mit dem Dolch, auch daran denke, erscheint das Licht des Mara-Teufels, des Herrn der Unwissenheit. Im Zeitpunkt des Umherwanderns der Seele des getöteten Dämons mußt Du ebenfalls dessen Namen und die Silbe DJA sprechen. Wenn sich die lebenschützende Gottheit von dem toten Dämon entfernt, dann bestreue das NRI auf dem Abbild mit Eisenstaub. Wenn Du die Reste des Abbildes verbrennst, dann vergiß nicht, das Mantra CHE CHE DJA LA RAM zu sprechen. Im Zeitpunkt der Niederwerfung des Feindes sage CHE CHE STAM BHA YA. Stört Dich ein feindseliger Dämon während des Rituals, dann verjage den Störenfried durch Rufen seines Namens.

Der Dolchführer Lobma Palgyi Yeshe (8. Jh.) beim Heranlocken einer berittenen Dämonin.

Nun folgen Belehrungen zur Anrufung Deines Feindes, die PRA heißen: Rufe seinen Namen aus der Tiefe Deines Herzens. Rufe ihn aus allen neun Öffnungen Deines Körpers. Rufe seinen Namen, bis Deine Stimme seine Lebenskraft und seine Gliedmaßen erschüttert. Rufe acht Mal PHRIL bis diese Silbe seine Lebenskraft durchdringt. Rufe zwölf Mal (PHRIL), bis die Lebenskraft aus seinen Gliedmaßen in das Opfergerät flüchtet. Rufe vierzehn Mal PHRIL, damit Zorn und Fäulnis über Deinen Widersacher kommen. Rufe den Namen Deines Feindes in Deine dritte Herzensader hinein und verwandele ihn dort in ein HUM. Dann wird die Weissagung der Luftwandlerin wahr und der Zweck des Rituals erfüllt sich.

Zur weiteren Verehrung des sechzensilbigen Kilaya-Mantras, dessen Kraft Dich Phurpa werden läßt, bündele nun in Dir die Strahlung des (nicht weiter erklärten) „Dreifachen Mandalas der Klarheit". Sei Du nun Vajra-Kumara (Phurpa), der Kampfgott, glänzend in dunkelblauem Licht. Erwecke in Dir das Herz des Siegers über alle zehn Himmelsrichtungen. Tue dies zum Wohl aller fühlenden Wesen. Erwecke in Dir das wahrhafte Bild der Versammlung der Siegreichen (Phurpa-Gestaltungen). Erwecke in Dir das Bild Deines sieghaften Selbst, getaucht in funkelnde Helle.

Nach dieser Verehrung des sechzehnsilbigen Kilaya-Mantras werden die Zeichen der Erfüllung erscheinen. Die hohen, die mittleren und die niederen. Wenn der Phurpa-Dolch sich von selbst bewegt und zustößt, dann ist dies das hohe Zeichen. Flüssiges Blut und Schleim werden sichtbar. Die Butterlampen brennen und leuchten. Du hast Deine Gedanken in die Tiefe der Meditation getaucht. Feine Düfte wehen. Nun zu den mittleren Zeichen: Du fliegst hin zur Weltmeer-Insel der kostbaren Substanz. Sonne und Mond scheinen herab auf Deinen Leib. Sonne und Mond kannst Du in Deinen Händen halten. Sonne und Mond reiten am Himmel entlang. Seidenbanner wehen. Trompeten rufen. Feuer flammt. Alle diese Bilder werden auf dem Phurpa erscheinen. Schließlich kommt Dir (als niederes Zeichen) die Weltmeer-Insel der blauen Blumen vor Augen. Der eiserne Dolch steigt in den Himmel empor, das Opfergefäß kocht. Du siehst scharfe Waffen. All das ist schön.

Danach sprich wieder das Mantra der dolchscharfen Gewalt. Neue Bilder steigen auf. Da kommen Erinnerungen und Träume von bewaffneten Haufen, von der Tötung des Abbildes, vom Schleudern der Dolchwaffe. Du träumst vom Töten fühlender Wesen, von Wahnsinn, von scharfen Äxten und stürzenden Bäumen. Du träumst vom Töten der ging-Dämoninnen. Du kochst sie. Du nährst Dich von ihrer Substanz. Wie ein wildes Tier stürzt Du Dich auf ihr Fleisch. Dein Feind ist nun aufgesogen in den Eisendolch. Iß die geweihte Silbe (NRI?). Haß kommt nun auf und zugleich erscheint das dreieckige Yantra-Gefängnis. Darin sollen die Faulholz ähnelnden Überreste des Abbildes in die Silbe E eingeschmolzen werden.

Dazu mußt Du den schwarzen Boden einer Leichenstätte vorbereiten. Dort versprenge Blut und Gifte. Du zeichnest das dreiwandige Yantra-Gefängnis in der Farbe des Himmels. Du schreibst die Silbe E in die Mitte des gleichseitigen Dreiecks und auch auf das von der Hand des Töters verschönte (?) Abbild. Gugu-Weihrauch soll nun rauchen. In das Opfergefäß lege nun weißen und schwarzen Senfsamen, wilde Zwiebelchen, Samen und Shang-Blume, schwarzen Kümmelsamen, Eisenstaub und Gifte. Versprenge das Blut eines an einer bösen Krankheit gestorbenen Menschen. Mach die Krankheitsdämpfe, die Giftdämpfe und die Waffen stark.

Werde Du Kumara Phurpa, der Kampfgott. Atme die Silbe E aus. Vor Dir siehst Du nun die Pforte des dreiseitigen Gefängnisses. Hebe (mit Deiner Vorstellungskraft) das Gefängnis an einer Seite hoch. Sprich dazu RAM. Feuer und blaurote Dämpfe des Bösen steigen dann herauf. Sinne Du über dem eisernen, dem dreieckigen Gefängnis, aus dem es kein Entfliehen gibt. Wickele nun die Fäden, die Bindekräfte des bösen E um das (zu einem Päckchen gefaltete?) Abbild herum. Beginne mit dem Faden, der an beiden Seiten (?) herunterhängt. Wirf Samenkörner auf die eine Seite (des

Päckchens). Schreibe etwas Angemessenes (den Namen oder eine Silbe?) außen darauf und durchstoße das umschnürte Abbild mit Deiner Dolchkraft.

Dazu sprichst Du abermals das Gewalt-Mantra der Dolchschärfe und läßt dabei die zwölf Phurpa-Schutzgottheiten vor Dir erscheinen: Männliche und weibliche ging- und dud-Geister, Luftwandler und Luftwandlerinnen und deren Helfer. Einige von ihnen essen Fleisch. Andere trinken Blut. Andere ziehen einem die Eingeweide heraus oder hauen den Kopf vom Körper. Wieder andere öffnen den Sack der Krankheiten oder sie lassen Waffen und faules Fleisch mit brennenden Würmern herabregnen. Wecke in Dir diese wolfsgleiche, diese fleischhungrige Wildheit, wenn Du nun das verschnürte Abbild mit dem Phurpa zu Pulver zerstößt. Stich nur zu, stich auf die Stelle des Abbildes, wo die Silbe E geschrieben steht. Stoß zu. Stich immer wieder zu mit dem Eisendolch. Dann sprich wieder sorgfältig das Gebet und rolle dabei den Dolch zwischen den Handflächen. Du formst mit den Fingern das Mudra-Handzeichen der zornvollen und der friedvollen Schutzgottheiten. Du verbrennst schließlich, was von dem zerstoßenen Abbild noch übrig ist. Dann erscheint das geheime Mantra der Schutzgottheiten (hier folgen Mantra-Silben gemischt mit tibetischen Worten für Leben, Herzader, Lebenskraft, Herzblut, Fleisch, Weihrauch).

Nach der Beschreibung von Austreibungs-Ritualen folgen nun Belehrungen zur gewöhnlichen Phurpa-Verehrung: Schreibe das Herzwort (NRI?) und das Seelenzeichen auf das Abbild (auf den Körper der abgebildeten Person). Das dreieckige Yantra-Gefängnis zeichnest Du auf schwarzen Filz. Du legst das Abbild in das Dreieck hinein. Wirf dann die Körner (Senfsamen) neun Mal gegen den Dolch. Verbleibe so meditierend Tag und Nacht. Werde

Phurpa-Kumara, der Kampfgott. Sinne über die Geister in Deinem (Phurpas) Gefolge. Sinne über den unglückbringenden Feind, über die Lebenskraft und das Gewalt-Mantra der Dolchschärfe. So bringst Du das Ritual der Verehrung zum guten Ende.

Wenn Du ein Yogi bist, dann mußt Du das Ritualgefäß (jedenfalls) auf einem Leichenacker verwenden. Bestreiche dann die Innenseite des Gefäßes mit Gift, Blut und Holzkohle. Umkränze das Gefäß mit dem Gesträuch der Berberitze. Werde Du jetzt Phurpa-Kumara. Sprenge Blut und Nektar auf den eisernen Dolch. Kräftige den Dolch durch Verbrennen von gugu-Weihrauch und fettigem Fleisch und laß dabei funkelnde Strahlen entstehen. Sinne über Phurpas Geistergefolge. Zeichne das Abbild Deines Feindes mit Holzkohle auf chinesisches Papier. Zeichne auch seine Stirn, seine Knochen, sein Herz und seinen Namen. Zeichne seine Seele, die zu bestrafende, mit (farbiger) Tonerde. Bestreiche die Füße des Abbildes mit einer der Anrufung dienlichen Substanz. Binde das Abbild (mit Fäden) zusammen. Zeichne das Diagramm des ewigen Kreises in das Ritualgefäß, in die Schädelschale, und lege das Abbild hinein. Schneide den Mund. Zeichne das geheime Vajra-Diagramm darauf. Stich nun mit dem Dolch in die Mitte des Yantra-Gefängnisses hinein. Wirf hin und wieder Körner (Senfsamen). Schleudere den Dolch. Ruf Phurpa-Kumara in Dir auf. Nach drei Monaten werden dann die Zeichen der Erfüllung kommen. Während dieser Zeit vereinen sich die Unterweisungen zu geballter Wirkung. Zwänge Deinen Feind unter einen Steinaltar (Felshaufen). Dort wird er zerschnitten oder er verblutet.

Damit endet diese Lehre vom dolchscharfen Gewalt-Mantra: SARVA AH NA YA VAJRA PHAT! TA THA YA THA YA HUM PHAT! AH BE SHA YA AH BE SHA YA HUM PHAT! Die Weissagung der Luftwandlerin ist erfüllt.

Der Dolchführer Lobma Sangay, 8. Jh., nach H.W. Schumann

Epilog: Dies war die dolchscharfe Lehre von der Lebenskraft, wie sie, gemäß der Weissagung der Luftwandlerin, aus meiner, Padmasambhavas, Herzensmitte hervorgegangen ist. Diese Geheimlehre ist mir in der oberen Höhle des Berges Ya erschienen. Sie ist zunächst dreimal zu Papier gebracht und versteckt worden; einmal (an einem nicht genannten Ort) durch den überweltlichen Meister (Phurpa-Padmasambhava), dann, zweitens, nahe dem Berg des Konfuzius, und, drittens, in Buthan, dem Land der Tugend. In späterer Zeit ist die Lehre – nun in der Form von Briefen von Padmasambhava auf gelbes Papier geschrieben – von (dessen Schüler) Vairocana und (seiner Frau) Yeshe Tsogyel in der Felsenhöhle des Lhang-la Tales versteckt worden. Auch wurde die Lehre von den zerstörerischen Ritualen des schwarzgiftigen Phurpa im südlichen Teil der Felsenhöhle des Khra-mo Tales niedergelegt.

Möge sie sich, die dolchscharfe Lehre, nur gegen jene wenden, welche die Gebote des Padmasambhava und seiner Schüler mißachten. Versteckt als Schatz-Text mit sechs heiligen Siegeln verschlossen und (im 15. Jh.) wieder aufgefunden von Ratna gling pa in der Felsenhöhle des Khra-mo Tales.

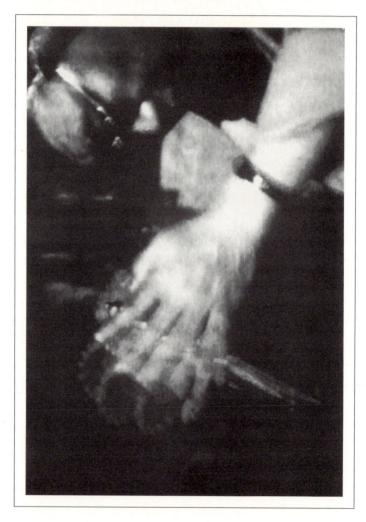

Das Elixier des Herzens

> *„Die sehr geheime und unvergleichliche Essenz der Dolchlehre. Das große verborgene Meditations-Ritual. Das geheiligte Herzens-Elixier des Padmasambhava"* = Schatztext, zugeschrieben der Luftwandlerin Yeshe Tsogyel, 8. Jahrhundert n. Chr., wiederentdeckt von Ratnaglin-pa (1403-1478), aus dem Tibetischen übersetzt von Imje Nyomba Notsok Kune Zakhan, Kathmandu, Nepal.

Dem Vajra Kumara, dem Phurpa, sei gehuldigt! In der höchsten Meditations-Höhle des Nering Senge Distrikts in Mönkha (Bhutan) hat der Glorreiche Orgyenpa (Padmasambhava) zusammen mit Namkhai Nyingpa vom Nub-Clan, mit dem ehrwürdigen Cyelwa Chokyang, mit Dorje Dudjom vom Nanam Clan, mit Könchok Jungne aus Langdro, mit Pelgyi Chone, mit Shelkar Za und der Gefährtin des Meisters, Yeshe Tsogyel, das Mandala des Dorje Zhonnu (Phurpa) offenbar gemacht. Das Gelingen des Rituals ist durch folgende Zeichen bestätigt worden: Unsere Dolche lächelten, sie tanzten rhythmisch, ihr feuriger Lichtkranz leuchtete auf dem Mandala. Als diese Zeichen erschienen waren, habe ich, Yeshe Tsogyel (mit dem Beinamen Kharchen Za), um die Einweihung in die dreizehn Grundsätze im Zyklus der Dolchlehre (durch Padmasambhava) gebeten.

(Denn) dies ist das geheimste Tun, der eigentliche Kern, das Elixier der Lehre des Meisters. Die ist meinem Herzen gleich. Sie ist meinem Leben gleich. Keiner der Schatz-Texte, die in Tibets Erde ruhen, ist diesem (Schatz-Text vom Dolchkult) gleich. Deshalb muß ich dieses Kleinod an einem glückbringenden Ort der Kraft verstecken: In Tramo Drak bei der bunten Klippe im Dang-Lha-Distrikt.

Da sind wohl verschiedene Stufen der Belehrung und der (rituellen) Praxis, die zur meditativen Vollendung führen. Aber allein diese Dolchlehre führt zur geheimsten und höchsten Bewußtheit. Dazu sollt Ihr einen sehr geeigneten Platz aussuchen und dort (zunächst) die Erdgeister in ein Gefäß bannen. Dann sollt Ihr das Mandala (das Welten-Rad) wie folgt aufzeichnen: Mit vier Speichen im Zentrum und mit zehn Speichen außen, mit allen seinen Toren und Säulenhallen, und umgeben mit einem kreisförmigen Schutzwall. Auch (statt dessen) könnt Ihr den Thron des Yogi (das Mandala) aber auch auf Menschenhaut zeichnen. Die Tore so, wie es der liturgischen Regel entspricht. Aber es ist (drittens) auch zulässig, das Mandala mit Getreidekörnern darzustellen (die man auf den Boden streut).

Die Luftwandlerin Dakini Yeshe Tsogyel[67]

Wenn Ihr die hohe Meditations-Praxis anstrebt, dann ist das ganze Lhapur Mandala von Nöten. Wollt Ihr Euch aber mit der einfachen

---

[67] siehe hierzu „Die Geheimen Dakini Lehren. Padmasambhavas mündliche Unterweisungen der Prinzessin Tsogyal", O. W. Barth-Verlag 1995.

Praxis begnügen, dann braucht Ihr nur einen einzigen Dolch, der in der Mitte des Mandala steht. Die heiligen Teigbild-Opfer und die anderen äußeren und inneren Opfergaben sollt Ihr gemäß den rituellen Regeln vorbereiten. Bei dieser geheimen Meditation kommt es aber auf deren erschaffende und erfüllende Phasen an, die Euch Glück und inneren Reichtum erleben lassen. Die (äußeren) Vorbereitungen sind deshalb nicht von so großem Belang.

Nehmt nun Platz auf dem Sitz der Glückseligkeit und erschauet dies: Ein schwarzblaues Dreieck, umgeben von acht Totenäckern und einer Feuersbrunst, einem Herd des brennenden Bewußtseins, in der Mitte. Aus diesem Bewußtsein springt die folgende Vision: Inmitten eines unermeßlichen und dimensionslosen Palastes auf einem Lotus-Thron (mit) Sonne und Mond und den vier miteinander verschlungenen Teufeln erscheint auf wunderbare Weise ein tief blauschwarzes ursächliches HUNG aus der selbstseienden Sphäre der Lehre, geschaffen aus spontanem Bewußtsein. Dieses HUNG-Mantra sendet Licht aus und saugt Licht ein. Es bündelt die Segensströme aller Sieger-Buddhas. Dann löst sich das HUNG auf. Es verwandelt sich in den Glorreichen Dorje Zhonnu, in Phurpa, den Dreigesichtigen, den Sechshändigen. Der steht, seine vier Beine gespreizt, in der stolzen Haltung des Helden und hält Khorlo Gyedebma, seine Gefährtin, in Zweiheitslosigkeit umfangen.

Schaut Phurpas Körper und den seiner Gefährtin. Erschafft sie mit jeder Einzelheit im Weg der erschaffenden Meditation, dem Ritus der Karma- oder Soseins-Reinigung folgend (Las-byang). Oder erschaut sie (nur) klar und bestimmt entsprechend den Regeln des Anbetungs-Rituals (bStod-kyi-cho-ga). Auf Phurpas Stirn ist HUNG-kara; auf seiner rechten Schulter ist (die Gottheit) Namgyel; auf seiner linken Schulter Yukngön, in seiner Kehle Tamdrin, in seinem Herzen (der Todesgott) Shinjeshe. Über seinem Nabel ist Düdtsi Khyil, in seinen Darmschlingen ist Miö Gön, in seinem linken Schenkel ist Dorgyel, in seinem rechten Schenkel ist Khamsum Namgyel; in seinem Lingam ist Topoche. Laßt alle diese Gottheiten klar und bestimmt vor Euch entstehen, in allen ihren Farben und mit allen ihren Merkmalen, so wie der Ritus der Soseins-Reinigung es vorschreibt.

In der Herzensmitte oberhalb einer vier Finger breiten Sonnenscheibe laßt nun einen goldenen Dorje von nur einer Fingerbreite entstehen. In der Kugelhüfte des Dorje erscheint nun (wieder) die Silbe HUNG, umgeben von den (dreizehn) Silben des (Phurpa-) Mantra. Erschafft nun (mit der Kraft Eures Geistes) die Silbe OM auf der Stirn all der Gottheiten. Dann die Silbe AH auf deren Kehlen. Und schließlich die Silbe HUNG in den Herzen der Gottheiten. Habt Ihr all dies (vor Eurem inneren Auge) aufgerichtet, dann sprecht die drei Silben (OM AH HUNG) sieben Mal. Die Sieger-Buddhas der zehn Himmelsrichtungen steigen dann herab und gießen Ihren Segen (über Euch) aus. Als Zeichen Eurer Bemachtung erscheint dann der Buddha Amogasiddhi auf den Stirnen der Gottheiten. Von dem HUNG in deren Herzen gehen Lichtstrahlen in Wokmin und die zehn Himmelsrichtungen aus. Damit wird das Ander-Bewußtsein einer jeden Gottheit aufgerufen, und diese Ander-Bewußtheiten verschmelzen mit ihm, Phurpa, und seinem Göttergefolge. Und so verfließt auch der Dolch in der Mitte des (äußerlichen) Mandala mit der Ander-Bewußtheit der Gottheiten.

Um nun die Verähnlichung mit der Gottheit (Phurpa) einzuleiten, sollt Ihr Euch auf das HUNG in den Herzen der Gottheiten konzentrieren, die (von dem noch folgenden) Mantra umgeben sind:

Lichtwellen strömen aus Euren Herzen hin zu seinem, des Dolchgottes, Herz, und rufen dort bleibendes Herz-Samaya hervor. Danach fließen Lichtströme aus seinem Herzen in die zehn Himmelsrichtungen und wecken das Herz-Samaya aller Siegreichen Buddhas. Mit der Hilfe eines weißen OM, eines roten AH und eines blauen HUNG lösen sich Herzens-Reagenz und Segenskräfte des Körpers, der Sprache und des Geistes der Sieger-Buddhas auf in den drei geheimen Orten der Gottheiten. Diese (dann) in ihm, Dorje Phurpa, und seinem Gefolge versammelte Essenz sollt Ihr in Euch aufsaugen.

Nach dieser Schauung und Rezitation sollt Ihr Eure Geisteskraft auf die Gottheiten des Mandala richten: Auf ihn (Phurpa) und die Gottheiten in den (jeweiligen) Energieknoten, wie sie gewandt und klug in Zweiheitslosigkeit mit ihren Gefährtinnen dastehen, offenen Sesam-Hülsen gleich, alle das Kilaya-Mantra murmelnd, so daß es klingt „Tiriri", wie das Sausen eines Bienenschwarms. Die Silbenkette in Eurem Herzen lautet: OM VAJRA KILIKILAYA SARVA BIGHNAN BAM HUNG PHAT. Sprecht diese dreizehn Silben ohne Unterlaß und haltet Euren Sitzplatz warm. Der perfekte Weise spricht jede Silbe 100.000 Mal. Der gewöhnliche Yogi spricht das Mantra 700.000 Mal oder, seiner Fähigkeit entsprechend, 500.000 Mal. Haltet vier Andachten jeden Tag. Oder praktiziert die Übung einmal an jedem Tag, so wie es der liturgischen Vorschrift Eures Rituals der Soseins-Reinigung entspricht.

Wenn Ihr Euch (so) durch Schauen und Sprechen um Verähnlichung und (Phurpa-) Werdung bemüht, dann werden folgende Zeichen des Gelingens sichtbar sein: Eure Dolche werden rhythmisch tanzen. Sie werden in der Luft fliegen. Funken werden von ihnen ausgehen. Sie werden die Teig-Bilder (mit ihrer Hitze) bakken. Die Eidtreuen Beschützer werden Segenskraft spenden und ihr Werk verrichten gemäß ihren Schwüren. Eure Feinde werden sterben. Eure Rosenkränze werden Euch Haut und Kleider versengen. Euer Speichel wird sich erhitzen und Feuer-Licht wird über Eurem Meditationsraum stehen.

Wenn Euch (auch) folgende Traum-Zeichen erscheinen, habt Ihr das Buddha-Karma erreicht: Feuer, das in Eurem Haus und in den Bergen brennt. Dolche und Szepter in Euren Händen. Blau blühende Blumen. Ihr fliegt durch den Himmel. Ihr quert Flüsse und zerteilt große Seen. Ihr reitet auf Elefanten und Yaks. Ihr herrscht über alle täuschenden Wesen und Tempelgötter. Ihr schlagt schwarze Hunde und Frauen. Ihr lauscht den Lehren von Göttern und Geistern. Ihr opfert Herz und Leben, und Ihr werdet gute Kleider tragen.

Wenn Ihr in der Übung der erschaffenden Meditation erstarkt seid, werden Euch die folgenden Zeichen erscheinen: Ihr werdet den Palast der Yidam-Schutzgottheit schauen, und er, der Yidam, wird Euch die Zukunft zeigen. Ihr werdet Sicherheit im Zustand der furchtlosen Glückseligkeit gewinnen und auch Sicherheit im Seinsgewahrsein des Bodhisattva. Ihr werden unbehindert jede Aufgabe meistern. Dem fortgeschrittenen Yogi sei das wahrhaftige Erscheinen des Schutzgottes Beweis dafür, daß er das Buddha-Karma erreicht hat. Dem gewöhnlichen Yogi wird (nur) eine Vision des Schutzgottes zu Teil, und dem Anfänger bloß eine Traumbegegnung.

Übt nun Handlung und Erfüllung zugleich, um Buddha-Karma zu erlangen: Erschafft (vor Euren Augen) das Mandala der Gottheit, so wie ich es schon erklärt habe. Erschaut den Glorreichen Phurpa in seiner ganzen Wirklichkeit und wiederholt diese Übung wieder und wieder.

Nun folgt die Übung des Verähnlichens mit dem Buddha-Karma mit Hilfe der Feuerrad-Schau: Die brennende (dreizehngliedrige) Silbenkette läßt von Eurem Gesicht, das hell ist wie das einer Gottheit, Lichtströme zu ihm (Phurpa) ausgehen. Die fließen durch seine vier Brennpunkte. Die wecken und beleben die Gottheiten in ihren Energieknoten und lassen sie schwingen im Echo der Silbenkette. Licht kehrt nun aus dem Bauche Phurpas zu Euch zurück. Es fließt nun durch Eure vier Brennpunkte und trägt die Lautwelle des Mantras zu Euch zurück. Sprecht nun das Mantra wieder,. Erschaut nun einen Lichtstrom, der (diesmal) von der Silbenkette ausgeht und das Antlitz der Gottheit erleuchtet. Lichtstrahlen gehen von ihm aus in die zehn Himmelsrichtungen, auch nach oben und nach unten, und Ihr werdet damit der vier Buddha-Karmas (gleichzeitig) gewahr. Oder Ihr erschafft die vier Buddha-Aspekte (nacheinander), nämlich: Befriedung, begleitet von weißem Licht. Veredelung, begleitet von gelbem Licht. Beherrschung, begleitet von rotem Licht, und Zerstörung, begleitet von grünem Licht. So erreicht Ihr mit Einsicht und Klugheit Euer Ziel.

Nun rollt das Wesen dieser Buddha-Aspekte zur Einheit zusammen. Ballt Angriffslust, Hochmut und Kraft. Dann wird auch die Macht des Verfluchens Bestandteil Eurer (Phurpa-) Werdung. Die folgende Silbenkette, die hin zu dieser Einheit führt, müßt Ihr ohne Unterlaß sprechen:

OM VAJRA KILIKILAYA DZA HUNG BAM HO: KATAM KAYE: JAYE BHIJAYE: ACHITE: APARACHITE: MARA SENA PRAMARA TANAYE SARVA BIGHNAN BAM HUNG PHAT!

Diese Silbenkette sollt Ihr auf reine Weise leise murmelnd sprechen. In dieser Phase der Übung müssen diese Traumzeichen aufeinander folgen: Einen Palast bauen; Waffen tragen; Feuer brennen; Holz schlagen; Wellen rollen; Feind-Dämonen töten; scharfe Klingen führen, und so fort. Es sind dies die selben Zeichen der Wildheit, wie sie die Nähe der Gottheit ankündigen. Danach folgt die Verähnlichung und die Vollendung der Soseins-Reinigung durch Schauen und Beten: Werde nun Teil der Glorreichen Vater-Mutter-Zweiheitslosigkeit des Phurpa mit seiner Gefährtin. Licht sprngt nun von der Silbenkette. Es fließt durch den Mann, springt nun von der Silbenkette. Es fließt durch den Mann, löst sich auf in der Frau und bekräftet ihre vier Brennpunkte. Dann fließt das Licht zurück aus dem „Himmel" der Mutter zurück in den Donnerkeil des Vaters. Es dreht (das Feuerrad) der Silbenkette. Es läßt das Mantra erstrahlen und spendet Euch das vierfache Buddha-Karma. Das alles sollt Ihr klar erschauen, während Ihr das Mantra 10.000 Mal sprecht.

Sind nun diese drei Werke vollbracht – Verähnlichung, Werdung und Soseins-Reinigung – könnt Ihr das Ausmaß des Gelingens so messen: Gleich welchen Buddha-Aspekt Ihr Euch wünscht, er wird Euer sein, und Ihr werdet eins sein mit dem Gott der höchsten Geisteskraft. Im dritten Bardo wird Euch eine Schau des Gottes zu Teil werden. Ihr werdet, das ist kein Zweifel, die Höhe des Dorje Zhonnu erreichen: Phurpa in seiner Seinsgewahrseins-Seligkeit. Ich, Kharchen Za (Yeshe Tsogyel), gebe Euch mein feierliches Versprechen: So und nicht anders wird es sein.

Nun folgt der Schluß des Geschehens: Beendet Euer Schauen mit der Widmung des (erworbenen?) Verdienstes und dem Gebet des Verlangens. Ihr sollt diese Übung des Verähnlichens und der Einswerdung fortsetzen ohne Unterlaß, so wie ein Fluß stets fließt. Ist dies aber nicht möglich, dann sollt Ihr jährlich eine Woche lang üben. Oder Ihr übt mit Sorgfalt einmal des Tages.

Dieses Herz-Elixier des Glorreichen Orgyen ist die einzige und wesentliche Meditationsübung der Kharchen Za. Möge dieser Text einst in die Hände eines rechtschaffenen geistlichen Nachfolgers gelangen. SAMAYA: KHATAM: GYA; GYA; GYA.

Nachwort: Dieser Schatz-Text wurde von Ratna bei der bunten Klippe im Distrikt Dang Lung aufgefunden. Dies ist eine getreue Abschrift des auf gelbem Papier geschriebenen Manuskript in dessen dritter Überarbeitung.

Dolchführer

Die Zaubersprüche der Verfluchung

Vajra Mantra Bhiru Sandhi Mula Tantra, die Wurzel-Lehre von den verfluchenden Zaubersprüchen, Kanjur, Band 10, Nr. 467, aus dem Tibetischen übersetzt von Amy Heller, Ecole Pratique des Hautes Etudes, Paris.

Kapitel 5: Das Ziel der Meditation der Befreiung

Vajrapani sprach: Dies ist das große Erfordernis, der Kern des Dharma (der buddhistischen Lehre), die ungeboren ist und ungemacht von Ewigkeit her: Bevor Du Dich anschickst, (den Dämon) Rudra durch Erkennen seiner Ich-Bestandteile (mit dem Dolch) von seinem Leid und Stolz zu befreien, sollst Du die Mittel, die unterscheidende Weisheit und Dein Mitleid wohl gewichten. Wer diese drei Tugenden des Geistes besitzt, der (allein) wird Rudra befreien (können). Wenn einer (dagegen) das Ritual der Befreiung vollzieht, ohne vorher dessen Sinn erforscht zu haben, dann fällt Rudra in den Kreislauf von Tod und Wiedergeburt (und erscheint aufs Neue). Vollzieht aber ein Weiser das Ritual der Befreiung, dann werden die fühlenden Wesen (wie Rudra) in Würde und Schönheit (für immer) in ein Anderland entlassen.

Hast Du (so beginnend) die Gemeinschaft der Gottheiten und der Buddhas durch Schauen erzeugt, dann wirst Du der drei Buddha-Leiber teilhaft werden (des Dharma-Leibes, des Segens-Leibes und des Offenbarungs-Leibes). Erschaue nun ganz und gar die Bestandteile des Rudra-Wesens und rüste Dich, sie, diese Bestandteile, mit dem zornvollen Ritual zu zermalmen. Für deren Bezwingung haben ich und die (anderen) Lehrmeister den Tantra-Text der Vereinigung durch weltliches Tun erklärt. Die kenntnisreichen

Eingeweihten werden sich auf Totenäckern niederwerfen und die Buddhalehre preisen, wenn deren Niedergang droht. So unversehens wie Tugend und Schwäche entstehen, so unversehens wird Dir nun die Lehre vom dolchscharfen Ritual deutlich werden. Sobald diese Lehre vom zornvollen und bösen Ritual (den Dämon) Rudra durch die Kraft des heftigen Mantras befreit hat, dann folgt die Vollendung: Der Zustand der Buddhaschaft.

Dolchführer und Dakini

Dies sind die Zeichen dafür, daß Du im Mandala bist: Das Gewahrwerden der Gottheiten, das (Erscheinen des) Mantra und Deine meditative Konzentration. Sie alle werden Sache und Substanz. Dabei dient Dir das Linga-Abbild als Stütze der Sammlung Deines Geistes. Der (auf das Linga-Abbild) geschriebene Name und der Klan-Name sowie die Ritual-Kügelchen festigen den Kreis des Geistes, des Lebens und des Prinzips der Bewußtheit (Gleichnis, angelehnt an das Rad der Wiedergeburt in sechs Kategorien: Mensch, Tier, Titan, Gott, Hungergeist und Höllenwesen). Wenn Du die zerstörerischen Kräfte (richtig) lenkst, werden sie keinen Schaden stiften: Die Botschafter werden für ein gutes Ende der Zeremonie sorgen. Erschaue nun die Glorie des (hier im Wortlaut gestrichenen) Mantras und der zeremoniellen Inhalte. Dann werden diese Bestandteile des Rituals (den Dämon) Rudra vergiften. Waffen werden herabregnen. Sie werden den Dämon verstummen lassen und ihn im Staub zerquetschen. Rudra erkrankt und Du mußt nun, beginnend bei seinem Herz, die Schutzgottheiten von seinen Gliedmaßen reissen (damit das Bewußtsein aus seinem Körper flüchtet).

Der Erfolg zeigt sich in der Form von Blutmalen am Kopf des Linga-Abbildes (das in diesem Zeitpunkt der Zeremonie mit Blut bestrichen wird, um Rudras Entmachtung anzuzeigen). Die Sesam-Körner und Senfsamen, die in der Rinne der Dolchklinge versammelt sind, bedeuten nun die Bestandteile Rudras. Ist nun die Stütze der Konzentration (das Linga-Abbild mit dem Dolch) zerstört, wird Deine Gesichtsfarbe wechseln (erblassen, erröten). Durch die vier rituellen Handlungen (Befriedung, Vervielfachung, Austreibung und das wilde Tun oder Zustoßen mit dem Dolch) kommt nun unversehens Leiden auf, vergleichbar der Aufkunft von Tugend und Sünde. Rudras Bewußtsein ist befreit im jenseits von Tod und Wiedergeburt. Durch Dein (gesprochenes oder geschriebenes) HUM und PHAT wird Rudras Bewußtsein gereinigt und sein Karma erhöht. Nun erkennst Du Dich als den Sieger über die Zehn Himmelsrichtungen (O; SO; S; SW; W; NW; N; NO, Zenith, Nadir). Was (von dem Linga-Abbild) übrig geblieben ist, das wird durch die drei Hilfen gereinigt: Buddhas Leib, Buddhas Lehre und Buddhas Mitleid, die den Dharmakaya bedeuten. Sprich schließlich einen Segensspruch zur Ehre der vergangenen, der gegenwärtigen und der zukünftigen Buddhas. So ist es befohlen.

Dolchführer

Kapitel 7: Vorbereitung des heftigen Mantras und Vorbereitung der Verfluchungen unheilbringender Dämonen.

Dann lehrte Vajrapani das heftige Mantra und das Verfluchen (der verschiedenen unheilbringenden Dämonen). Zuerst das heftige Mantra der Dud-Dämonen zur Zerstörung von Ansammlungen: Lege das Linga-Abbild mitten auf ein Stück schwarzes Kristall in eine Schädel-Opferschale (wie man sie) für gutes schwarzes Gerstenbier (braucht). Wickele das Linga-Abbild in schwarzes Tuch, wie man es auf Totenäckern findet. Umwickele das Linga-Abbild mit schwarzen oder vielfarbigen Fäden. Stoße Du das eiserne Messer in die innerste Lebensader (des Linga-Abbildes). Fülle nun weißen Senfsamen, schwarzen Senfsamen, schwarzen Sesam-Samen, Kümmelkörner, Kupferspäne, Eisenstaub, gepulverten Stein, giftiges Blut, Schleim und ähnliche Zutaten in die Schädelschale. Das folgende Mantra lenkt nun die Lebenskraft des Dämons: Schwarzer Dämon (Mantra gestrichen). Blase nun auf das Herz des Linga-Abbildes, auf das Herz des Widersachers. Fessele die (auf das Linga-Abbild geschriebene) Mantra-Silbe NRI. Laß Musik erschallen. Öffne das Linga-Abbild (mit dem Dolch). Zerstückele das Abbild und entlasse den Dämon in ein Anderssein. Bereite das Teigbild für die unheilvollen Dämonen. Fessele sie durch Binden der auf das Abbild geschriebenen BAM-Silbe (mit Fäden). Sprich PRAM und rufe damit das Mantra der feindlichen Geister auf. Dann sprich TRUM und erzeuge damit eine Insel aufgeregter Finsternis. Dort (auf der Insel) dienen die Mantra-Silben den Zukunfts-Dämonen als Sprache. Wenn Du diese Silben sprichst, wirf die Körner mitten hinein (in das erzeugte Bild). Was immer Du erschaut hast, wird nun schnell aus der Lebenskraft des Widersachers hervorgehen: Ein schwarzer Mann, bewaffnet und gerüstet, ein Mädchen und ein Stein, ein schwarzer Hund, ein schwarzes

Pferd, ein schwarzer Vogel und (sonst) ein schwarzes Tier; ein schwarzer Bär, ein schwarzes Kristall, ein schwarzer See – alle in kämpfender Erregung. Erschaue dies.

Erschaute Phurpa-Gottheit

Dich selbst aber erkenne als den Fleischmeister, den Mordmeister und als den Meister der Lehre. Dann werden die Wirkzeichen des Rituals erscheinen. Du stößt (mit dem Dolch) zu und entläßt damit das Linga-Abbild aus seinem Leben. Schlag zu mit Messern, mit Waffen, mit Phurpa-Dolchen. Die Reste (des Abbildes) sollst Du mit Nektar, Fleisch und Blut vermischen. Kräftige diese Mischung durch Zugaben von Hundefleisch. Laß Musik ertönen. Rudra wird dann vergiftet und bewußtlos werden und danach sterben.

Nun folgt, zweitens, das heftige Mantra des (Todesgottes) Yama. Stoß diese Mantra-Silben hervor: Hinein in das Herz des Widersachers. Wirf die Körnchen und Kügelchen. Sprich die (hier gestrichenen) Mantra-Silben zur Herbeirufung Yamas und seines Gefolges, und sieh, wie sie das Ritual vollenden: Schädel und Herz werden fliegen als Zeichen der Befreiung des Feindes. Nun folgt das Fluchwort der zornvollen Dämonen. Wiederhole das Mantra immer wieder und auch die Namen aller (Dämonen), die vor Dein Auge treten. Versammele sie im Herz und im Schädel des schnellen Todes. Umwinde das Linga-Abbild mit mohnblumenfarbener Seide und mit Fäden von dunklem Purpur. Öffne den Mund des Abbildes. Rufe den machtvollen Tod mit der Hilfe des Mantras herbei. Sprich das Mantra und töte die Feinde mit der Silbe NRI. Wirf die bannenden Körner und Samen. Sprich dazu die Verfluchung. Somit befiehlst Du der schwarzen Gestalt und den mordlustigen Gottheiten das Ritual zu vollenden und ihn, den Widersacher, aus seinem Sosein zu entlassen.

Zum Dritten folgt nun das Mantra der zornigen Yaksha-Dämonen: Nimm Dir das Herz und den Schädel eines weißen Pferdes vor Augen. Sinne und schaue, ausgehend von dem Linga-Abbild. Sprich dabei das (hier gestrichene) Mantra. Sobald diese Bestandteile (Herz und Schädel?) gereinigt sind, sollst Du die verschiedenen rituellen Flüssigkeiten in der großen Bronzepfanne opfern und dabei die Herzens-Silben der Yaksha-Dämonen sprechen. Als Zeichen der Wirkung Deines rituellen Tuns werden der Klang, das Licht und der Name (des Widersachers) zusammen aufscheinen. Rote Winde und Schneestürme erheben sich nun. Wirf die Körner und Samen kraftvoll gegen das Linga-Abbild. Verbrenne es. Wirf seine Asche in den Wind.

Nun, viertens, zum Mantra der „zornvoll-starken Gottheit": Schreibe den Namen, den Klan und die Erscheinungsform des Widersachers in das (erschaute) Herz eines göttlich-weißen Yaks. Binde einen roten Faden an den Hals des Linga-Abbildes und lege es in den Schädel (in die Schädelschale) eines Menschen von edler Abkunft. Umwickele das Abbild mit weißer Seide und farbigen Fäden und befestige dabei Geier- oder (andere) Raubvogelfedern (am Abbild). Danach legst Du es in die Mitte eines Mandala-Kreises und stichst (mit dem Phurpa-Dolch) zur Ader der Herzenskräfte (des Widersachers). Der Mandala-Kreis ist durch Pfeile gekennzeichnet: Sie markieren die vier Himmelsrichtungen. In der Mitte des Mandalas siehst Du ein Dreieck. Laß die drei Herdfeuersteine in dem Schädel erscheinen. Nimm die rechten Zutaten, den reinen Ritual-Samen, die scharfen Waffen und baue einen weißen Turm. Setze das Pfeil-Ritual des weißen Senfsamen in Gang. Opfere die üblichen Gaben. Wirf sie in das Herz des (bildhaft erschauten) Mantras hinein. Dank der Buddha-Macht des glorreichen Vajrapani scheinen nun die Mantras aller (vor Deinen Augen) vereinten Gottheiten (Mantra-Silben gestrichen). Nun befiehlst Du den Widersacher herbei und befreist ihn (von seinem bösen Sein). Als Zeichen des Gelingens erscheinen Dir der König und der Häuptling nebst ihren Abkömmlingen. Sie werden gebannt. Die Waffen köpfen das Linga-Abbild. Es wird schließlich im Feuer verbrannt.

Du kannst, fünftens, den Schädel des Linga-Abbildes dank gottheitlicher Hilfe (mit dem Dolch) durchbohren oder es auf dem Boden, dem Sitz der Erdgeister, zerstören. Todeskrankheit überkommt den Widersacher, wenn Du dabei das Mantra der Mamo-Gottheiten sprichst, die Siechtum und Verderben lenken. Vollende das Ritual, indem Du (vor Deinem inneren Auge) die Schädelschale mitsamt dem Abbild durchbohrst, das in dunkelblaue Seide gehüllt und mit fünf Fäden umbunden ist. Es liegt in der Mitte eines Dreiecks, das sich im Zentrum eines blauen Mandalas befindet. Wenn Du den Schädel des Abbildes (mit dem Dolch) durchstoßen hast, bringe dessen purpurschwarzes Herzblut den Mamo-Gottheiten und ihren Helfern zum Opfer. Bewirf dabei den Hals des Linga-Abbildes mit schwarzen und weißen Senfsamen und den üblichen Hilfsmitteln des heftigen Rituals und sprich dazu das Mantra, nämlich (die hier gestrichenen) Verfluchungs-Silben der Mamo-Gottheiten. Durch Erschauen dieser wirksamen Silben der Mamo-Geister (erscheint ein eisernes Messer), das den Widersacher vernichtet. Erzeuge das Mantra der Mamo-Gottheiten. Erschaue sie als Gruppe zusammen mit schwarzen Vögeln und wilden Geiern, die sich am Fleisch und am Kopf (des Widersachers) gütlich tun. Wenn Du sorgfältig vorgehst, wirst Du das Herz (des Widersachers) bei seinem Fortflug erschauen lernen. Zum Zeichen der Vernichtung des Feind-Dämons stoße Du den Phurpa-Dolch in das Herz des Abbildes. Bringe mit giftigem Holz ein Feuer-Opfer dar, das, so erschaue, gegen den Widersacher geworfen wird. Zermalme dann die Überreste des Linga-Abbildes zu Staub. Den (wiederum) trage auf einen Totenacker. Dann ist der Unheilvolle vernichtet und sein Geist ist befreit.

Nun folgt das Mantra der wilden Za-Gottheiten: Lebe das Abbild in die Mitte eines schwarzen Schädels. Nimm den Dolch und zersteche Du die Ader der Lebenskraft Deines Widersachers. Wirf wieder weißen und schwarzen Senfsamen, Kupfer- und Eisenspäne und sprich dazu das richtige Mantra. Dieses Mantra (hier im Wortlaut gestrichen) ist die Waffe, die das Linga-Abbild zerstört. Bringe die drei toten und die drei weißen Opfer dar und dazu faulendes Fleisch und Blut. Der schwarze Sendbote wird nun kommen, umgeben von Sonne und Mond. Die geflügelte Schlange schlüpft (herbei). In der Ruhezone zwischen Himmel und Erde erscheint ein Regenbogen. Der Widersacher ist versucht zu erscheinen und die Geier und die wilden Tiere werden ihn, das Böse, vernichten. Dies zum besseren Verstehen: Die Zeichen der vollständigen Auslöschung werden durch ein Musikopfer erkennbar, (das Du darbringst), wenn Herz und Eingeweide des Abbildes im heiligen Feuer brennen. Verstecke dann den Schädel in der Erde, der Wohnung der Klu-Erdgeister. Hagel fällt. Schneller Tod tritt ein. Der Mund des Feindes verstummt. Seine Arme und Beine werden steif.

Hier noch das heftige Mantra der boshaften Klu-Geister: An einem einsamen Ort, wo drei Täler zusammenstoßen, errichte einen blauschwarzen Turm aus Körnern innerhalb eines dreieckigen Yantra. Wieder schreibst Du den Namen und den Klan-Namen Deines Feindes auf dessen Linga-Abbild. In das Gefäß der Reinigung (in die Schädelschale) legst Du die drei weißen Opfer (Milch, Weißkäse, Butter) und die drei süßen Opfergaben (Melasse, Honig, Zucker) für die Klu- und die Men-Geister. Sprich dieses Mantra (Wortlauf gestrichen). Das große Feuer brennt. Das große Wasser fließt. Der Stier, der Ochse, der Frosch, die Schlange, der Bär und der Skorpion versammeln sich. Holz wird geschlagen. Erde bröckelt. Erschaue beim Schleudern der heiligen Körner wie sich die Bestandteile (des Widersachers) völlig voneinander trennen. Er, Dein Feind, stirbt an der Lepra oder an der Schwermut. So ist es befohlen: Sprich die verfluchenden Mantras der zornigen Gottheiten. Dann wird alles Karma-Leiden in der Welt der Erscheinungen (in Glück) verwandelt.

Nachwort (zum ganzen, aus elf Kapiteln bestehenden Text): Diese Worte hat Padmasambhava, der große Meister aus Indien, Zusammen mit dem tibetischen Übersetzer Vairocana übersetzt auf Verlangen des tibetischen Königs Khri-srong lde-btsan (755 bis etwa 795 n.Chr.).

Sich selbst erstechender Dämon

Danksagung

Dieses Buch hätte ohne die freundliche Hilfe kundiger Spezialisten nicht erscheinen können. Für ihre Unterstützung bedankt sich der Autor vor allem bei Lama Sherab Gyaltsen Amipa, Rikon (Schweiz), Khenpo Yeshe Chödar, Menton (Frankreich), L.S. Dagyab, Rheinbach (BRD), Lama Kunsang Dorjee, Rikon (Schweiz), Keith Dowman, Chabahil (Nepal), Dr. Edelgard Gramberg, Wiesbaden (BRD), Dr. Amy Heller, Lausanne (Schweiz), Geshe Samten Karmay, Antony (Frankreich), Dr. Hartmut Kiock, München (BRD), Dr. Ing. Gustav Lennartz, Thyssen Edelstahlwerke, Krefeld/Witten (BRD), Dr. Helmut Eimer, Bonn (BRD), Prof. Siegbert Hummel, Röthenbach (BRD), John C. Huntington, Columbus, Ohio (USA), Geshe Takung Khedub, Rikon (Schweiz), N. Gonpo Ronge, Königswinter (BRD), Hans Roth, Bad Münstereifel (BRD), Dr. Hans Wolfgang Schumann, Vinxel (BRD), Geshe Pema Tsering, St. Augustin (BRD), Lama Sonam Phun Tsok, Pharping (Nepal) und einer Reihe anderer Informanten.

Bibliographie

Beyer, Stephan: The Cult of Tara. Magic and Ritual in Tibet. University of California Press, Berkeley 1973.

Bharati, Agehananda (d. i. Leopold Fischer): Die Tantra-Tradition. Mit einem Vorwort von Detlef Ingo Lauf. Aus dem Englischen übersetzt von Renate Rana. Aurum, Freiburg/Br. 1977.

Bischoff, F A and **Hartman**, Charles: Padmasambhava's Invention of the Phur-bu. Ms. Pelliot Tibétain 44. In: Etudes Tibétaines (Festschrift Marcelle Lalou), pp.11-28. Libraire d'Amerique et d'Orient, Paris 1971.

Boord, Martin J: The cult of the deity Vajrakīla. According to the texts of the Northern treasures tradition of Tibet (Byang-gter phur-ba). Institute of Buddhist Studies, Tring, U.K. 1993.

Brauen, Martin: Heinrich Harrers Impressionen aus Tibet. Gerettete Schätze. Mit einem Geleitwort des Dalai Lama. Herausgegeben vom Völkerkundemuseum der Universität Zürich. Pinuin/Umschau, Innsbruck/Frankfurt 1974.

Cantwell, Cathy: Tibetan Buddhist Ritual in a Refugee Monastery. *The Tibet Journal (Dharamsala)* (1985), pp.14-27.

Chang Chen Chi: siehe Charles Muses, 1961.

Das, Sarat Chandra: A Short Description of the Phur-pa or the Enchanted Dagger, *Journal of the Buddhist Society, Proceedings of a Special General Meeting of the Buddhist Text Society of India, held at Darjeeling 23rd June 1896.* (1896), pp. 5-7.

David-Néel, Alexandra: Arjopa. Die erste Pilgerfahrt einer weißen Frau nach der verbotenen Stadt des Dalai Lama. Aus dem Englischen "My

Journey to Lhasa" übersetzt von Ada Ditzen. F. A. Brockhaus, Leipzig 1928.
Neuausgabe der alten Übersetzung, erweitert um eine Einführung von Thomas Wartmann, unter dem Titel: "Mein Weg durch Himmel und Höllen. Das Abenteuer meines Lebens", Scherz-Verlag Bern/München/Wien 1986; 3. Auflage 1987.

David-Néel, Alexandra: Heilige und Hexer. Glaube und Aberglaube im Lande des Lamaismus. Nach eigenen Erlebnissen in Tibet dargestellt. Aus dem Französischen übersetzt von Ada Ditzen. F. A. Brockhaus, Leipzig 1931.

Dowman, Keith: Sky Dancer: the secret life and songs of the Lady Yeshe Tsogyel. Illustrated by Eva van Dam. Routledge & Kegan Paul, London 1984.

Evans-Wentz, Walter Y: Yoga und Geheimlehren Tibets. Aus dem Englischen übersetzt und bearbeitet von Alterego (d. i. Fritz Werle). Otto Wilhelm Barth, München-Planegg 1937.

Evans-Wentz, Walter Y: Das Tibetische Buch der grossen Befreiung. Aus dem Englischen übersetzt von Alterego (d. i. Fritz Werle). Mit einem psychologischen Kommentar von C. G. Jung. Otto Wilhelm Barth, München-Planegg 1955.

Ferrari, Alfonsa: Mk.yen brtse's Guide to the Holy Places of Central Tibet. Edited by Alfonso Ferrari, completed and edited by Luciano Petech. With the collaboration of Hugh Richardson. Istituto Italiano per il Medio ed Estremo Oriente, Roma 1958.

Grünwedel, Albert: Mythologie des Buddhismus in Tibet und der Mongolei. Führer durch die lamaistische Sammlung des Fürsten E. Uchtomskij. Mit einem einleitenden Vorwort des Fürsten E. Uchtomskij. F. A. Brockhaus, Leipzig 1900.

Heller, Amy: An Early Tibetan Ritual: Rkyal 'bud. In: Soundings in Tibetan Civilisation. Ed. Barbara Nimri Aziz, Matthew Kapstein. Proceedings of the 1982 Seminar of the International Association for Tibetan Studies held at Columbia University, pp. 257-267. Manohar Publ., New Delhi 1985.

Heller, Amy, Thomas **Marcotty**: Phurpa – Tibetan Ritual Daggers. *Arts of Asia 17, No. 4 (1987), pp. 69-77.*

Heller, Amy: Early Textual Sources for the Cult of Beg-ce. In: Tibetan Studies, Proceedings of the 4th Seminar of the International Association for Tibetan Studies, Schloß Hohenkammer, Munich 1985 (Studia Tibetica, Band 2), hrsg. Helga Uebach und J. Panglung, pp. 185-195. Kommission für Zentralasiatische Studien, Bayerische Akademie der Wissenschaften, München 1988.

Heller, Amy: Etudes sur le développement de l'iconographie et du culte de Beg-tse, divinité protectrice tibétaine. Dissertation (Prof. Ariane Macdonald), Ecole Pratique des Hautes Etudes, IVe Section. Paris 1992.

Hermanns, Matthias: Das National-Epos der Tibeter. Gling König Ge Sar. Aus dem Tibetischen übersetzt von Prof. Dr. Matthias Hermanns SVD. Josef Habbel, Regensburg 1965.

Hoffmann, Helmut: Quellen zur Geschichte der tibetischen Bon-Religion. (Abhandlungen der Akademie der Wissenschaften und der Literatur in Mainz, Geistes- u. sozialwissenschaftl. Klasse Jg. 1950. Nr. 4), pp.129-443. Franz Steiner, Wiesbaden 1950.

Hoffmann, Helmut: Die Religionen Tibets. Bon und Lamaismus in ihrer geschichtlichen Entwicklung. Karl Alber, Freiburg/Br., München 1956.

Hummel, Siegbert: Der lamaistische Ritualdolch (Phur-bu) und die alt-vorderorientalischen "Nagelmenschen". *Asiatische Studien (Bern)* (1952), pp.41-51.

Hummel, Siegbert: Noch einmal Vajrakila. *Wissenschaftliche Zeitschrift Martin-Luther-Universität Halle-Wittenberg (Gesellschafts- und sprachwissenschaftliche Reihe, Heft 5)* 23 (1974), pp.126-127.

Huntington, John C: The Phur-pa, Tibetan Ritual Daggers. Artibus Asiae, Suppl. XXXIII, Ascona 1975.

Kippenberg, Hans G (Hrsg): Magie – die sozialwissenschaftliche Kontroverse über das Verstehen fremden Denkens. Suhrkamp, Frankfurt/M 1978.

Klaus, Christa: Schutz vor den Naturgefahren. Tibetische Ritualtexte aus dem Rin chen gter mdzod, ediert, übersetzt und kommentiert. (Asiatische Forschungen, 97). Otto Harrassowitz, Wiesbaden 1985.

Landon, Perceval: Lhasa. An Account of the Country and People of Central Tibet and of the Progress of the Mission sent there by the English Government in the Year 1903-4. Hurst and Blackett, London 1905.

Lauf, Detlev Ingo: Über die Gottheiten des magischen Dolches Vajrakila. In: A. Körösi Csoma Sándor Intézet Közleményei, Budapest 1974, 1-2, pp. 61-64.

Lehmann, Peter Hannes and **Ullal**, Jay: Tibet. Das stille Drama auf dem Dach der Erde. (GEO-Buch). Gruner und Jahr, Hamburg 1981.

Lessing, Ferdinand: Ritual and Symbol: Collected Essays on Lamaism and Chinese Symbolism (Asian Folklore and Social Life Monographs, 91). The Chinese Association for Folklore, Taipei/Formosa 1976.

Lessing, Ferdinand and **Wayman**, Alex: Introduction to Buddhist Tantric Systems. Translated from Mkhas Grub Rje's Rgyud sde spyihi rnam par gizag pa rgyas par brjod. With original text and annotation by F. D. Lessing and A. Wayman. Motilal Banarsidass, Delhi 1978 (ebenso New York, S. Weiser 1980).

Lhalunpa, Lobsang P: Tibetan Music: Sacred and Secular. In: A. Körösi Csoma Sándor Intézet Közleményei, Budapest 1974, 1-2, pp. 40-47.

Meredith, Georgette: The Phurbu: The Use and Symbolism of the Tibetan Magic Dagger. In: History of Religions VI, Nr. 3, pp. 236-253, Chicago 1967.

Muses, Charles (ed): Esoteric Teachings of the Tibetan Tantra, including seven initiation rituals and the six yogas of Naropa in Tsong-Kha-Pa's commentary, translated by Chang Chen Chi. Falcon's Wing Press, [Lausanne] 1961.

Mylius, Klaus: Wörterbuch Sanskrit-Deutsch (4. Aufl.). Langenscheidt, Verlag Enzyklopädie, Leipzig 1992.

Nebesky-Wojkowitz, René de: Oracles and Demons of Tibet. The Cult and Iconography of the Tibetan Protective Deities. Introduction Per Kvaerne. Mouton & Co., Den Haag 1956 (Reprint Graz 1975).

Nebesky-Wojkowitz, René von: Die tibetische Bön-Religion. *Archiv für Völkerkunde (Wien)* 2 (1947), pp.26-68.

Noelle-Neumann, Elisabeth: Politik und Glück. In: Freiheit und Sachzwang. Beiträge zu Ehren Helmut Schelskys. Hrsg. Horst Baier, pp.208-262. Westdeutscher Verlag, Opladen 1977.

Nyanaponika Thera: Sutta-Nipata. Frühbuddhistische Lehr-Dichtungen aus dem Pali-Kanon. Mit Auszügen aus den alten Kommentaren, übersetzt, eingeleitet und erläutert von Nyanaponika Thera (Buddhistische Handbibliothek, 6). Christiani, Konstanz 1955.

Padmasambhava: Die geheimen Dakini-Lehren. Padmasambhavas mündliche Unterweisungen der Prinzessin Tsogyal. O. W. Barth, für Scherz Verlag, München 1995.

Petzoldt, Leander (Hrsg): Magie und Religion. Beiträge zu einer Theorie der Magie. (Wege der Forschung 337). Wissenschaftliche Buchgesellschaft, Darmstadt 1978.

Rock, Joseph Francis: The Amnye Ma-Chhen Range and adjacent Regions: A Monograph Study. Istituto Italiano per il Medio ed Estremo Oriente, Roma 1956.

Roerich, Georges de: The Ceremony of Breaking the Stone. Phobar Rdo-Gcog. *Journal of Urusvati Himalayan Research Institute of Roerich Museum (New York)* 2 (1933), pp. 25-51.

Roerich, George N: The Blue Annals. Parts I and II, Calcutta 1949 (reprint Delhi 1976, 1979).

Ronge, N. Gonpo: Kunst und Stil in Tibet. In: Der Weg zum Dach der Welt. Hrsg. Claudius C. Müller, Walter Raunig, S. 323-353. Pinguin-Verlag, Innsbruck 1982.

Ruegg, David Seyfort: The Life of Bu ston Rin po che. With the Tibetan Text of the Bu ston rNam thar. Instituto Italiano per il Medio ed Estremo Oriente, Roma 1966.

Ruegg, David Seyfort: Deux problèmes d'exégèse et de pratique tantriques selon Dipamkarasrijnana et le Paindapatika de Yavadvipa/Suvarnadvipa. In: Tantric and Taoist Studies in Honour of R. A.

Stein, hrsg. Michael Strickmann, pp. 212-226. Inst. Belge des Hautes Etudes Chinoises, Bruxelles 1981.

Schumann, Hans Wolfgang: Buddhismus. Stifter, Schulen und Systeme. Walter, Olten/Freiburg/Br. 1976.

Schumann, Hans Wolfgang: Buddhistische Bilderwelt. Ein ikonographisches Handbuch des Mahayana- und Tantrayana-Buddhismus. Eugen Diederichs, Köln 1986.

Stein, Rolf Alfred: Le liṅga des danses masquées lamaïques et la théorie des âmes. In: Liebenthal-Festschrift, ed. by Kshitish Roy (Sino-Indian Studies V, parts 3 & 4), pp. 200-234. Visvabharati, Santiniketan 1957.

Stein, Rolf Alfred: A propos des documents anciens relatifs au Phur-bu (Kila). In: Proceedings of the Csoma de Körös Memorial Symposium held at Mátrafüred, Hungary, 24th -- 30th September 1976 (ed. Louis Ligeti, Bibliotheca Orientalis Hungarica vol. XXIII), pp. 427-444. Akadémiai Kiado, Budapest 1978.

Stein, Rolf Alfred: Recherches sur le Phurbu. In: Etude du monde chinois: instituions et concepts. *Annuaire du Collège de France 1977-1978. Résumé des cours et travaux (Paris)* 78 (1978), pp. 647-654.

Tucci, Giuseppe: Tibetan Painted Scrolls. La Libreria dello Stato, Roma 1949.

Uhlig, Helmut: Tantrische Kunst des Buddhismus. Unter Mitarbeit von Heidi und Ulrich von Schroeder. Safari bei Ullstein, Berlin/Frankfurt/Wien 1981.

Waddell, L(aurence) A(ustine): Lamaism in Sikhim. London 1894 (Nachdruck New Delhi 1973).

Waddell, L(aurence) A(ustine): The Buddhism of Tibet or Lamaism, with its mystic cults, symbolism and mythology, and its relation to Indian Buddhism. W. H. Allen, Cambridge 1895 (zahlreiche Nachdrucke, meist als 'Buddhism & Lamaism of Tibet., etwa Cambridge 1971; Delhi 1972, 1974, 1978 usf, zuletzt 1991, auch New York 1972, zuletzt 1992).

Waddell, L(aurence) A(ustine): Lhasa and its mysteries, with a record of the expedition of 1903-1904. John Murray, London 1905 (mehrfach nachgedruckt, so z.B. Delhi; Taipei 1972; New York 1988).

Walter, Reinhold von (Hrsg): Aufrichtige Erzählungen eines russischen Pilgers (Herderbücherei 36). Herder, Freiburg/Br. 1959.

Tibetische Quellen

Jigs-med-glin-pa Ran-byun-rdo-rje (1729 or 30-1798): The collected works of Kun-mkhyen Jigs-med-gling-pa: v. 6. Phur-pa rgyud lugs. Sonam T. Kazi, Gangtok 1970, 1975.

Ratna-glin-pa Rin-chen-dpal-bzan-po (1403-1478): Rdo rje phur pa yan gsan bla med kyi gsun pod (In Tibetan. Title from contents note. Includes texts by Kon-sprul and Karma-chags-med). Sna-gyur Rig-gzun Slob-gner-khan, Dehra Dun, 1971.

Ratna-glin-pa Rin-chen-dpal-bzan-po: Phur pa yan gsan bla med don gyi snin po las rgyab chos smad las Dug phur nag poi mtshon cha las kyi khor lo (highly esoteric rites focussing upon the invocation of Vajrakila for destructive purposes. In cursive Tibetan; pref. in English. "Reproduced from a rare manuscript from the library of [sic] by Rta-rna Bla-ma." Cover title: Phur pa smad las kyi skor). Rta-rna Bla-ma, New Delhi 1975.

Ratna-glin-pa Rin-chen-dpal-bzan-po: Phur pa yan gsan bla med: a cycle of practice focussing upon a form of Vajrakila ; reprod. from mss. representing the Dpal-yul tradition of redaction from Mgo-log Dar-than / revealed from its place of concealment by Gter-chen Ratna-glin-pa (1403 -1478). Bylakuppe: Pema Norbu [o. J.] (Pothi-Format. - Text tibetisch., in Kursivschrift).

Rgod-kyi-ldem-phru-can, Gter-ston (1337-1408): Phur-pa texts of the Byan-gter tradition : a collection of Vajrakila teachings from the revelations of Rgod-kyildem-phru-can (In Tibetan. "Reproduced from a rare collection of manuscripts from the Library of Tibetan Works and Archives, Dharamsala, H.P.").- Damchoe Sangpo, Dalhousie 1977.

Bar-bai-rdo-rje, Gter-ston: The Vajrakila teachings from the revelations of Bde-chen Bar-bai-rdo-rje and a collection of rituals from the Ba-rom Bka-brgyud-pa tradition (Added title on boards: The Phur-pa practices revealed by Bar-bai-rdo-rje. In Tibetan; pref. in English. "Reproduced from a rare collection of manuscripts from the library of Kardrup"). Pema Lodoe, Bir, H.P. (India) 1978.

Rab-gsal-zla-ba <Dil-mgo mKhyen-brtse>: gÑags lugs phur ba'i 'don cha : arrangement for rituals of the Vajra Kilaya practice according to the tradition transmitted by the great Pandita Vimalamitra to gÑags-jnana-Kumara, from the visionary rediscovery of Pad-ma-gar-dban-'od-gsal-mdo-snags-

glin-pa, H. H. Dil-mgo mKhyen-brtse Rin-po-che, with suppl.
texts by rDzon-gsar mKhyen-brtse Chos-kyi-blo-gros Paro :
Dilgo Khyentse, 1982 (Pothi-Format; Text tibetisch).

Jigs-med-glin-pa: Phur pa rgyud lugs chog khrigs: [the coll.
rituals of Vakrakila according to the Bka' ma tradition arranged for convenient liturgical practice in Bhutan] / ['Jigs-med-glin-pa Ran-byun-rdo-rje. Ed. by Rdo Grub-chen 'Jigs-med-bstan-pa'i-ñi-ma] [Gantok] : Thrinlay, 1984 (Pothi-Format. - Text tibetisch).

Karma-rin-chen-dar-rgyas <mKhan-po>: Gu ru'i thugs dam
zab pa skor bdun las mnon spyod drag po'i las kyi zab pa yan
gsan thugs kyi phur gcig gi spyi don rnam bsad rig 'dzin rtsal
chan rnam gñis kyi zal lun don ban mdzod Gu ru'i thugs dam
zab pa skor bdun las mnon spyod drag po'i las kyi zab pa yan
gsan thugs kyi phur gcig gi spyi don rnam bsad rig 'dzin rtsal
chan rnam gñis kyi zal lun don ban mdzod : a detailed comm.
on the Yan gsan Thugs-kyi phur gcig revelations of Mchog-gyur-glin-pa ; reprod. from a rare ms. from the library of
Bstan-dga' Rin-po-che. Gangtok: Gyaltsen Lama, 1983 (Pothi-Format. - Text tibetisch).

Mi-pham-chos-kyi-dban-phyug <Brag-dkar-rta-so sPrul-sku>:
Phur-pa drag snags-kyi smad-las dgra bgegs sgrol-ba'i rim-pa
drag-po zor-gyi man-nag rno myur las-kyi mtshon cha Phur-pa
drag snags-kyi smad-las dgra bgegs sgrol-ba'i rim-pa drag-po
zor-gyi man-nag rno myur las-kyi mtshon cha: [instructions on
the practice of the smad las functions of the Byan gter Phur
pa]. Gangtok: Bla-ma Zla-ba u.a., 1983 (Pothi-Format. - Text
tibetisch, teilw. in Kursivschrift).

Mi-pham-chos-kyi-dban-phyug <Brag-dkar-rta-so sprul-sku>: Byan gter phur pa spu gri bsñen sgrub zun sbrel gyi bsñen yig go gsal Byan gter phur pa spu gri bsñen sgrub zun sbrel gyi bsñen yig go gsal : instructions on the sevasadhana of the Byan gter Phur pa practice ; reprod. from rare mss. from the library of Lama Rgyal-mtshan of Yol-mo. Darjeeling: Dawa and Chopal Lama, 1984 (Pothi-Format. - Text tibetisch).

Zla-ba-rgyal-mtshan (1640 - 1685) bzw. Padma-'phrin-las <rDo-rje-brag rig-'dzin, II.>: Phags pa Thugs rje chen po'i dkyil 'khor gyi cho ga'i rnam nes rin chen 'phren ba Gar-dban-rdo-rje <mNa'-ris gTer-ston chen-po>: Rdo rje phur pa spu gri reg gcod Rdo rje phur pa spu gri reg gcod : a cycle of Buddhist practice concerned with a revealed form of Vajrakila ; reprod. from mss. from the library of Sprul-sku Tshe-dban / recovered from its place of concealment in Tibet by Mna'-ris Gter-ston Gar-dban-rdo-rje alias Zla-ba-rgyal-mtshan (1640–1685). Dalhousie: Sangpo, 1984 (Pothi-Format. - Text tibetisch, in Kursivschrift).

KANJUR, Peking Edition:
Vol. 3, no. 78 („Vajrakilaya...") S. 154-4-8;
und Vol. 10, no. 467 („Vajramantra..."), S. 186-4-4.

Schallplatten

Jest, C.: „Tibet-Nepal", Disque BAM, LD 104, Paril 1966.

Lewiston, David: „Tibetan Buddhism – Shedur: A Ghost Exorcism Ritual", Explorer Series, H-72081, New York 1978.

Bilder

Die Fotos in diesem Buch sind vom Verfasser aufgenommen, wenn nichts anderes vermerkt ist. Gegenstände: Tibet-Sammlung Marcotty. Der Holzschnitt auf Seite 134 ist dem Buch von Huntington, John C.: „The Phur-pa – Tibetan Ritual Daggers" mit freundlicher Erlaubnis des Autors entnommen.– Die verbleibenden Holzdrucke stammen aus Waddel, L.A.: „The Buddhism of Tibet or Lamaism" mit Ausnahme des Holzschnitts auf Seite 155, der auf einem Tibeter-Markt in Nepal gekauft wurde. Die Tuschezeichnungen sind Ratna-glin-pas Handbuch für Dolchführer entnommen.